AF891340

Kombi Buch Deutsch

9

Neue Ausgabe Luxemburg

Arbeitsheft

Bearbeitet von einer Arbeitsgruppe des SCRIPT/MENJE:
Sophie Engel, Christiane Hamen, Muriel Meyers,
Jérôme Schaul und Liliane Staus
in Zusammenarbeit mit dem Ministerium für Bildung,
Kinder und Jugend Luxemburg und
unter Verwendung von Beiträgen aus den Werken
Kombi-Buch Deutsch Luxemburg und
D.U. DeutschUnterricht

C.C.Buchner

KombiBuch Deutsch

Neue Ausgabe Luxemburg
Lese- und Sprachbuch für den Sekundarunterricht
Band 9
Arbeitsheft

Bearbeitet von einer Arbeitsgruppe des SCRIPT/MENJE: Sophie Engel, Christiane Hamen, Muriel Meyers, Jérôme Schaul und Liliane Staus
in Zusammenarbeit mit dem Ministerium für Bildung, Kinder und Jugend Luxemburg und unter Verwendung von Beiträgen aus den Werken Kombi-Buch Deutsch Luxemburg und D.U. DeutschUnterricht

1. Auflage, 1. Druck 2026
Alle Drucke dieser Auflage sind, weil untereinander unverändert, nebeneinander benutzbar.

Dieses Werk folgt der reformierten Rechtschreibung und Zeichensetzung. Ausnahmen bilden Texte, bei denen künstlerische, philologische oder lizenzrechtliche Gründe einer Änderung entgegenstehen.

Trotz sorgfältiger inhaltlicher Kontrolle wird die Haftung für die Inhalte externer Seiten ausgeschlossen.

© 2026 C.C.Buchner Verlag, Bamberg
Das Werk und seine Teile sind urheberrechtlich geschützt. Jede Nutzung in anderen als den gesetzlich zugelassenen Fällen bedarf der vorherigen schriftlichen Einwilligung des Verlags. Hinweis zu §§ 60 a, 60 b UrhG: Weder das Werk noch seine Teile dürfen ohne eine solche Einwilligung eingescannt und/oder in ein Netzwerk eingestellt werden. Dies gilt auch für Intranets von Schulen und sonstigen Bildungseinrichtungen. Fotomechanische, digitale oder andere Wiedergabeverfahren sowie jede öffentliche Vorführung, Sendung oder sonstige gewerbliche Nutzung oder deren Duldung sowie Vervielfältigung (z. B. Kopie, Download oder Streaming), Verleih und Vermietung nur mit ausdrücklicher Genehmigung des Verlags. Nutzungsvorbehalt: Die Nutzung für Text und Data Mining (§ 44 b UrhG) ist vorbehalten, insbesondere für die (Weiter-)Entwicklung und das Training jeglicher KI-Systeme. Dies betrifft nicht Text und Data Mining für Zwecke der wissenschaftlichen Forschung (§ 60 d UrhG).

Redaktion: Janina Theresa Brandt
Layout und Satz: tiff.any GmbH & Co. KG, Berlin
Illustrationen: tiff.any GmbH & Co. KG, Berlin
Umschlag: Petra Michel, Amberg
Druck und Bindung: Brüder Glöckler GmbH, Wöllersdorf

produktsicherheit@ccbuchner.de

www.ccbuchner.de

ISBN 978-3-661-13679-0

Inhaltsverzeichnis

Die Arbeit mit diesem Arbeitsheft

Gute Leistungen im Fach Deutsch kannst du erreichen, wenn du immer wieder deine Fähigkeiten trainierst. In diesem Arbeitsheft findest du Übungen zu wichtigen Bereichen, die im Deutschunterricht behandelt werden. Wenn du die Übungen machst, wirst du deine Deutschkenntnisse immer weiter ausbauen.

Und so geht es:

Damit du selbstständig mit dem Heft arbeiten kannst, findest du auf dem vorderen Heftdeckel eine Übersicht über die Operatoren, die im Arbeitsheft verwendet werden.
An die fünf Kapitel schließen sich Übersichten über die grammatischen Grundbegriffe und die starken Verben an.

An den entsprechenden Stellen im Arbeitsheft findest du Verweise auf relevante Inhalte im KombiBuch (Abkürzung: KB), die dich bei der Bearbeitung der Aufgaben unterstützen.

Jedes der fünf Kapitel behandelt einen Bereich, zu dem du gezielt Aufgaben bearbeiten und so bestimmte Fähigkeiten und Fertigkeiten trainieren kannst.

Damit du sofort erkennst, zu welchem Lernbereich du arbeitest, hat jedes Kapitel eine eigene Farbe. Die Kapitel sind farblich so gekennzeichnet wie die Bereiche, die du aus deinem KombiBuch kennst:

- Texte schreiben
- Rechtschreibung und Grammatik
- Ausdruck und Wortschatz
- Lesen
- Hören
- Sprechen, reden, zuhören

Achtung: Vor manchen Kapitelüberschriften findest du zweifarbige Kästchen ■.
Diese zeigen an, dass du in diesem Kapitel zu zwei verschiedenen Lernbereichen trainierst.

Die Kapitel sind immer gleich aufgebaut:

- Ein Kasten am Kapitelanfang zeigt dir, wo du die nötigen Informationen für das Übungskapitel in deinem KombiBuch findest.

- Dann geht es los mit den einzelnen Übungen. Die Aufgaben steigern sich im Schwierigkeitsgrad von leichteren bis zu anspruchsvollen Übungen.

- Manchmal kannst du für die Bearbeitung einer Aufgabe das Internet nutzen.

- Sind in einem Lesetext Wörter durch Pünktchen markiert, führt dich der QR-Code am Ende des jeweiligen Textes zu Erklärungen dieser Wörter.

- Der QR-Code führt dich zu digitalem Zusatzmaterial.

- Der QR-Code führt dich zu einem Hörtext.

- Deine Lösungen kannst du mithilfe des digitalen Lösungshefts, das du über den QR-Code rechts abrufen kannst, kontrollieren.

Und was musst du sonst noch wissen?

- Längere Aufgaben schreibst du häufig nicht in das Arbeitsheft, sondern in dein Heft oder du arbeitest am Computer.
- Benutze Materialien, mit denen du gerne arbeitest.
- Schaffe zum Lernen eine gemütliche Atmosphäre.

Das hilft dir, locker zu bleiben und ohne schlechte Laune zu trainieren.
Trau dir etwas zu!
Vergiss den Satz „Ich kann das nicht“!
Ersetze ihn durch „Ich kann das noch nicht“!

Lesen: mit Texten umgehen

Eine Kurzgeschichte erschließen und interpretieren

Eine Kurzgeschichte zusammenfassen

▸ **Hier findest du Informationen in deinem KombiBuch:** S. 106–126.

Wolfgang Borchert
Die drei dunklen Könige (1947)

Er tappte durch die dunkle Vorstadt. Die Häuser standen abgebrochen gegen den Himmel. Der Mond fehlte und das Pflaster war erschrocken über den späten Schritt. Dann fand er eine alte Planke. Da trat er mit dem Fuß gegen, bis eine Latte morsch aufseufzte und losbrach. Das Holz roch mürbe und süß. Durch die dunkle Vorstadt tappte er zurück. Sterne waren nicht da.
Als er die Tür aufmachte (sie weinte dabei, die Tür), sahen ihm die blassblauen Augen seiner Frau entgegen. Sie kamen aus einem müden Gesicht. Ihr Atem hing weiß im Zimmer, so kalt war es. Er beugte sein knochiges Knie und brach das Holz. Das Holz seufzte. Dann roch es mürbe und süß ringsum. Er hielt sich ein Stück davon unter die Nase. Riecht beinahe wie Kuchen, lachte er leise. Nicht, sagten die Augen der Frau, nicht lachen. Er schläft.
Der Mann legte das süße mürbe Holz in den kleinen Blechofen. Da glomm es auf und warf eine Handvoll warmes Licht durch das Zimmer. Die fiel hell auf ein winziges rundes Gesicht und blieb einen Augenblick. Das Gesicht war erst eine Stunde alt, aber es hatte schon alles, was dazugehört: Ohren, Nase, Mund und Augen. Die Augen mussten groß sein, das konnte man sehen, obgleich sie zu waren. Aber der Mund war offen und es pustete leise daraus. Nase und Ohren waren rot. Er lebt, dachte die Mutter. Und das kleine Gesicht schlief.
Da sind noch Haferflocken, sagte der Mann. Ja, antwortete die Frau, das ist gut. Es ist kalt.
Der Mann nahm noch von dem süßen weichen Holz. Nun hat sie ihr Kind gekriegt und muss frieren, dachte er. Aber er hatte keinen, dem er dafür die Fäuste ins Gesicht schlagen konnte.
Als er die Ofentür aufmachte, fiel wieder eine Handvoll Licht über das schlafende Gesicht. Die Frau sagte leise: Kuck, wie ein Heiligenschein, siehst du? Heiligenschein!, dachte er und er hatte keinen, dem er die Fäuste ins Gesicht schlagen konnte.
Dann waren welche an der Tür. Wir sahen das Licht, sagten sie, vom Fenster. Wir wollen uns zehn Minuten hinsetzen.
Aber wir haben ein Kind, sagte der Mann zu ihnen. Da sagten sie nichts weiter, aber sie kamen doch ins Zimmer, stießen Nebel aus den Nasen und hoben die Füße hoch. Wir sind ganz leise, flüsterten sie und hoben die Füße hoch. Dann fiel das Licht auf sie.
Drei waren es. In drei alten Uniformen. Einer hatte einen Pappkarton, einer einen Sack. Und der dritte hatte keine Hände. Erfroren, sagte er, und hielt die Stümpfe hoch. Dann drehte er dem Mann die Manteltasche hin. Tabak war darin und dünnes Papier. Sie drehten Zigaretten. Aber die Frau sagte: Nicht, das Kind.

Da gingen die vier vor die Tür und ihre Zigaretten waren vier Punkte in der Nacht. Der eine hatte dicke umwickelte Füße. Er nahm ein Stück Holz aus seinem Sack. Ein Esel, sagte er, ich habe sieben Monate daran geschnitzt. Für das Kind. Das sagte er und gab es dem Mann. Was ist mit den Füßen?, fragte der Mann. Wasser, sagte der Eselschnitzer, vom Hunger. Und der andere, der dritte?, fragte der Mann und befühlte im Dunkeln den Esel. Der dritte zitterte in seiner Uniform: Oh, nichts, wisperte er, das sind nur die Nerven. Man hat eben zu viel Angst gehabt. Dann traten sie die Zigaretten aus und gingen wieder hinein.
Sie hoben die Füße hoch und sahen auf das kleine schlafende Gesicht. Der Zitternde nahm aus seinem Pappkarton zwei gelbe Bonbons und sagte dazu: Für die Frau sind die.
Die Frau machte die blassen blauen Augen weit auf, als sie die drei Dunklen über das Kind gebeugt sah. Sie fürchtete sich. Aber da stemmte das Kind seine Beine gegen ihre Brust und schrie so kräftig, dass die drei Dunklen die Füße aufhoben und zur Tür schlichen. Hier nickten sie nochmal, dann stiegen sie in die Nacht hinein.
Der Mann sah ihnen nach. Sonderbare Heilige, sagte er zu seiner Frau. Dann machte er die Tür zu. Schöne Heilige sind das, brummte er und sah nach den Haferflocken. Aber er hatte kein Gesicht für seine Fäuste.

Aber das Kind hat geschrien, flüsterte die Frau, ganz stark hat es geschrien. Da sind sie gegangen. Kuck mal, wie lebendig es ist, sagte sie stolz. Das Gesicht machte den Mund auf und schrie.
Weint er?, fragte der Mann.
Nein, ich glaube, er lacht, antwortete die Frau.
Beinahe wie Kuchen, sagte der Mann und roch an dem Holz, wie Kuchen. Ganz süß.
Heute ist ja auch Weihnachten, sagte die Frau.
Ja, Weihnachten, brummte er und vom Ofen her fiel eine Handvoll Licht hell auf das kleine schlafende Gesicht.

1 **a)** Lies die Kurzgeschichte von Wolfgang Borchert und markiere anschließend sechs Schlüsselwörter (Nomen), die besonders wichtig sind.
b) Finde zu den Nomen jeweils ein Adjektiv, das zum Inhalt der Kurzgeschichte passt und das Nomen genauer erklärt.

helles Licht ....

.... →

c) Beschreibe die Atmosphäre der Kurzgeschichte mithilfe von Gegensatzpaaren.

Dunkelheit – Licht

2 Der Text lässt sich in vier Sinnabschnitte gliedern. Notiere in der Tabelle jeweils eine Überschrift, die Zeilennummern und wichtige Handlungsschritte in Stichpunkten.

Tipp Häufig markieren Ortswechsel, Zeitsprünge oder das Auftreten oder der Abgang von Figuren Sinnabschnitte.

Überschrift (Zeilenangabe)	**Handlungsschritte**
Die Suche nach Wärme (Z. 1–9)	• Gang durch die nächtliche Stadt; Holzsuche • Wunsch nach Wärme für Mutter und Kind

3 Schreibe eine Zusammenfassung (ca. 100 Wörter) der Kurzgeschichte in dein Heft.

Die Personengestaltung untersuchen

1 Die folgenden Begriffe geben Aufschluss über Merkmale der Figuren Vater (V) und Mutter (M). Belege diese Zuschreibungen jeweils mit Informationen aus dem Text. Formuliere wie in den Beispielen nur Stichpunkte.

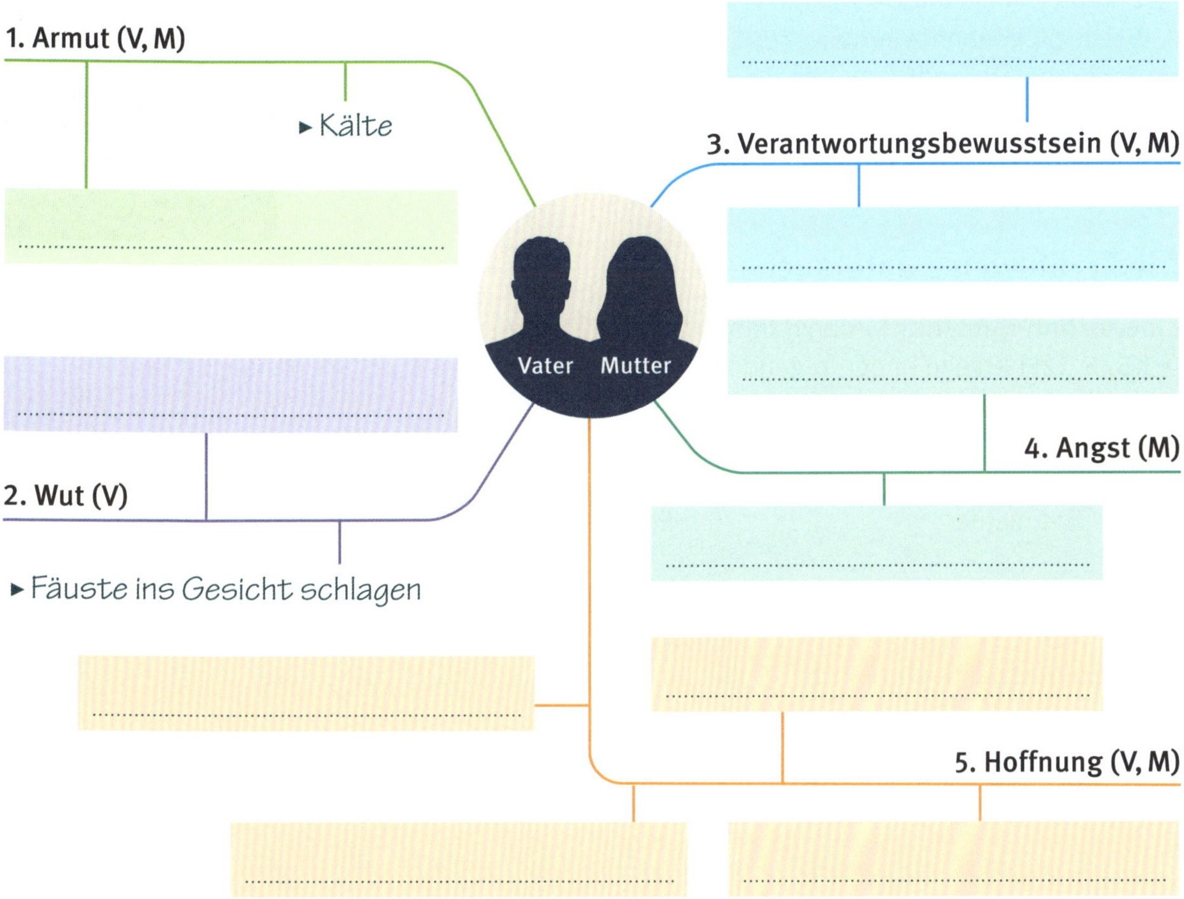

2 Die Ankunft der Fremden verändert die Situation. Trage ihre „Krankheiten“, ihre Geschenke und die jeweils Beschenkten in die Tabelle ein.

	Fremder mit Pappkarton	Fremder mit Sack	Fremder ohne Hände
Krankheit			
Geschenk			
Beschenkte(r)			

3 Die drei Fremden werden im Text viermal unterschiedlich bezeichnet. Analysiere in deinem Heft die Gründe für diese Bezeichnungsvarianten.

a) Notiere die vier verschiedenen Bezeichnungen für die drei Fremden, jeweils mit Zeilenangabe.

b) Erkläre jeweils mit Bezug auf den Kontext, warum sie an dieser Stelle so genannt werden.

c) Recherchiere zu den drei Königen aus der Weihnachtsgeschichte im Internet. Erkläre den Titel „Die drei dunklen Könige“, indem du dich auf die Könige aus der Weihnachtsgeschichte beziehst.

Die Erzählweise untersuchen

1 Eine Textinterpretation verlangt immer auch die Untersuchung der Erzählweise. (► KB, S. 125) Kreuze in der folgenden Übersicht an, welche Erzählmerkmale im Text vorliegen, und begründe deine Auswahl.

a) Erzählform:

☐ Er-Erzähler ☐ Ich-Erzähler

....

b) Erzählperspektive:

☐ auktorialer Erzähler ☐ personaler Erzähler ☐ neutraler Erzähler

....

....

c) Erzählhaltung:

☐ wertend ☐ neutral

....

2 Wiederhole die Merkmale der Kurzgeschichte. (► KB, S. 120)

a) Wähle drei Merkmale aus, notiere eine kurze Erklärung des Merkmals und finde passende Textbelege.

Merkmal	Erklärung	Textbeleg

→

Merkmal	Erklärung	Textbeleg

b) Der folgende Abschnitt aus der Interpretation eines Schülers zu dem Merkmal „unmittelbarer Anfang“ enthält die drei Elemente Beschreibung, Erklärung und Beispiel. Unterstreiche die jeweiligen Elemente blau, grün und rot.

Die Kurzgeschichte setzt ohne Vorgeschichte, Orts- oder Figurencharakterisierung ein und zeigt sofort eine laufende Handlung. Gleich der erste Satz „Er tappte durch die dunkle Vorstadt“ zeigt eine konkrete Handlung der Hauptfigur, ohne dass vorher erklärt wird, wer „er“ ist, warum er unterwegs ist oder wie es zu dieser Situation kam. Der unmittelbare Anfang bewirkt, dass man ohne Vorbereitung direkt in die beklemmende Situation der Nacht und der Armut hineingezogen wird und sofort Spannung entsteht. So wie die Figur durch die dunkle Stadt „tappt“, so ist auch der Leser bzw. die Leserin im ersten Moment orientierungslos.

c) Verfasse in deinem Heft zu zwei von den drei gewählten Merkmalen aus Aufgabe 2a) eine kurze Interpretation mit den Elementen Beschreibung, Erklärung und Beispiel. Unterstreiche anschließend die jeweiligen Passagen blau, grün und rot.

3 Licht spielt in der Kurzgeschichte eine wichtige Rolle.

a) Unterstreiche und notiere fünf Textstellen, die mit Licht in Verbindung stehen.

.... (Z. ....)

.... (Z. ....)

.... (Z. ....)

.... (Z. ....)

.... (Z. ....)

b) Wähle zwei Textstellen aus Aufgabe 3a) aus und analysiere deren Bedeutung, indem du die drei Elemente Beschreibung, Erklärung und Beispiel beachtest. Unterstreiche

Den historischen und biografischen Kontext eines Textes berücksichtigen

Wolfgang Borchert: „Wir wollen unsere Not notieren, mit zitternden Händen vielleicht, wir wollen sie in Stein, Tinte oder Noten vor uns hinstellen, in unerhörten Farben, in einmaliger Perspektive, addiert, zusammengezählt und angehäuft.“

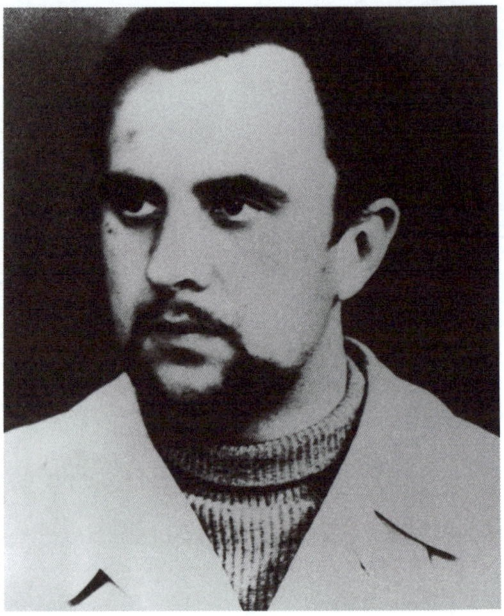

Wolfgang Borchert um 1945, von Krankheit gezeichnet

1 Notiere drei Thesen zu der Frage: Welche Bedeutung hat Literatur für Wolfgang Borchert?

1. ....

....

2. ....

....

3. ....

....

Hamburg, die Heimat Borcherts, nach Bombenangriffen im 2. Weltkrieg

Die **deutschsprachige Kurzgeschichte** entstand nach dem Ende des Zweiten Weltkriegs. Um sich von der ideologisierten Sprache der Nationalsozialisten und ihrer Propaganda abzugrenzen, war ihre Sprache einfach, klar und nüchtern und ihre Form von überschaubarer Länge. Gerade weil die Kurzgeschichte in Deutschland zuvor kaum verbreitet war, erschien sie den Autorinnen und Autoren nach 1945 geeignet für einen literarischen Neuanfang: Sie war ideologisch unbelastet. Inhaltlich setzte man sich bis in die 1950er Jahre kritisch mit dem Krieg und der Nachkriegszeit auseinander. Vor allem Wolfgang Borchert thematisierte in seinen Kurzgeschichten (wie auch in seinen anderen Werken) die Probleme der aus dem Krieg heimgekehrten Soldaten: Ihr soziales Elend, ihre Armut, die allgegenwärtige Zerstörung und der Hunger prägten ihr Leben nach dem Krieg. Diese Schwierigkeiten greift die Kurzgeschichte anhand exemplarischer Alltagssituationen auf, wobei es im Kern immer um die zwischenmenschliche Beziehung geht.

2 Lies den Text über die Gattung der Kurzgeschichte in der Nachkriegszeit (▸ S. 12). Unterstreiche wichtige Passagen.

3 Stelle einen Bezug zwischen dem historischen Hintergrund, dem biografischen Kontext Borcherts und der Kurzgeschichte „Die drei dunklen Könige“ her.

Eine Interpretation verfassen

1 Um die Aussageabsicht eines Textes zu verstehen, solltest du den historischen Kontext und die biografischen Hintergründe des Autors oder der Autorin kennen. Die Klärung bestimmter Aspekte hilft dir, einen Text zu interpretieren.

a) Arbeite die „Aspekte der Interpretation“ (▸ Mind-Map unten) für die Kurzgeschichte „Die drei dunklen Könige“ (▸ S. 6–7) heraus und notiere deine Ergebnisse in Stichworten.

b) Formuliere deine Ergebnisse aus Aufgabe 1a) in ganzen Sätzen.

c) Verfasse auf der Grundlage deiner Sätze aus Aufgabe 1b) einen gegliederten Interpretationstext (▸ QR-Code).

Aspekte der Interpretation

Textsorte:
Um welche Textart handelt es sich (Kurzgeschichte, Gedicht, Ballade, ...)?

Inhalt:
Worum geht es im Text? Welche Konflikte werden thematisiert? ...

Figuren:
Was erfährt man über die Figuren? Wie werden sie dargestellt? Wie können sie charakterisiert werden? In welcher Beziehung stehen sie zueinander? ...

Ort und Zeit:
Wo ereignet sich das Geschehen? Vor welchem zeitlichen Hintergrund spielt das Geschehen? Welche Bedeutung haben Ort und Zeit für die Handlung? ...

Zeitstruktur:
Wird zeitdeckend, zeitraffend, zeitdehnend oder zeitneutral erzählt? Wird linear erzählt oder gibt es Zeitsprünge, Vorausdeutungen und/oder [illegible]

Aufbau:
Wie ist der Text gegliedert? Wo gibt es Höhe-/Wendepunkte? Welche Funktion erfüllen Anfang und Ende des Textes?

Erzählweise:
Um welche Erzählform handelt es sich? Welche Erzählperspektive wird gewählt? Gibt es einen auktorialen, personalen oder neutralen Erzähler? Welche Perspektive nimmt der Erzähler oder die Erzählerin ein?

Sprache:
Welcher Satzbau (Para- und Hypotaxe ▸ KB, S. 128) herrscht vor? Welche stilistischen Mittel werden eingesetzt (▸ QR-Code)? Gibt es Symbole oder Leitmotive (▸ KB, S. 88)? Gibt es weitere sprachliche Auffälligkeiten? ...

Eigene Deutung:
Wie wirkt der Text auf die Leserinnen und Leser? Welche Textstellen fallen auf? Wie ist der Text zu verstehen? Welche [illegible] bleiben offen? ...

Dramatische Texte untersuchen und verstehen

Figuren in einer Dramenszene untersuchen

▸ **Hier findest du Informationen in deinem KombiBuch:** S. 115–117; S. 168–189.

Borcherts Drama „Draußen vor der Tür" handelt von dem Kriegsheimkehrer Beckmann. Das Stück wurde am 21. November 1947, einen Tag nach dem Tod des Autors, uraufgeführt und wurde sofort zu einem großen Erfolg. Viele Menschen fühlten sich damals von der Darstellung der Einsamkeit und Orientierungslosigkeit in der Nachkriegszeit angesprochen.
Über die beiden QR-Codes kannst du dich über die Nachkriegszeit informieren.

Deutsche Soldaten kehren aus dem Krieg zurück, im Hintergrund die zerstörte Münchner Innenstadt, aufgenommen am 13.Juli 1945

Wolfgang Borchert
Draußen vor der Tür [II. Szene]

Der folgende Ausschnitt stammt aus dem Anfang des Dramas. Beckmann hat zuvor versucht, sich in der Elbe das Leben zu nehmen. Ein Mädchen findet ihn am Ufer des Flusses liegend und nimmt ihn mit zu sich nach Hause. Die Szene spielt in ihrer Wohnung.

(Ein Zimmer. Abends. Eine Tür kreischt und schlägt zu. Beckmann. Das Mädchen.)
Mädchen: So, nun will ich mir erst mal den geangelten Fisch unter der Lampe ansehen. Nanu – *(sie lacht)* aber sagen Sie um Himmels willen, was soll denn dies hier sein!
Beckmann: Das? Das ist meine Brille. Ja. Sie lachen. Das ist meine Brille. Leider.
Mädchen: Das nennen Sie Brille? Ich glaube, Sie sind mit Absicht komisch.
Beckmann: Ja, meine Brille. Sie haben recht: Vielleicht sieht sie ein bisschen komisch aus. Mit diesen grauen Blechrändern um das Glas. Und dann diese grauen Bänder, die man um die Ohren machen muss. Und dieses graue Band quer über die Nase! Man kriegt so ein

graues Uniformgesicht davon. So ein blechernes Robotergesicht. So ein Gasmaskengesicht. Aber es ist ja auch eine Gasmaskenbrille.

Mädchen: Gasmaskenbrille?

Beckmann: Gasmaskenbrille. Die gab es für die Soldaten, die eine Brille trugen. Damit sie auch unter der Gasmaske was sehen konnten.

Mädchen: Aber warum laufen Sie denn jetzt noch damit herum? Haben Sie denn keine richtige?

Beckmann: Nein. Gehabt, ja. Aber die ist mir kaputt geschossen. Nein, schön ist sie nicht. Aber ich bin froh, dass ich wenigstens diese habe. Sie ist außerordentlich hässlich, das weiß ich. Und das macht mich manchmal auch unsicher, wenn die Leute mich auslachen. Aber letzten Endes ist das ja egal. Ich kann sie nicht entbehren. Ohne Brille bin ich rettungslos verloren. Wirklich, vollkommen hilflos.

Mädchen: Ja? Ohne sind Sie vollkommen hilflos? *(fröhlich, nicht hart)* Dann geben Sie das abscheuliche Gebilde mal schnell her. Da – was sagen Sie nun! Nein, die bekommen Sie erst wieder, wenn Sie gehen. Außerdem ist es beruhigender für mich, wenn ich weiß, dass Sie so vollkommen hilflos sind. Viel beruhigender. Ohne Brille sehen Sie auch gleich ganz anders aus. Ich glaube, Sie machen nur so einen trostlosen Eindruck, weil Sie immer durch diese grauenhafte Gasmaskenbrille sehen müssen.

Beckmann: Jetzt sehe ich alles nur noch ganz verschwommen. Geben Sie sie wieder raus. Ich sehe ja nichts mehr. Sie selbst sind mit einmal ganz weit weg. Ganz undeutlich.

Mädchen: Wunderbar. Das ist mir gerade recht. Und Ihnen bekommt das auch besser. Mit der Brille sehen Sie ja aus wie ein Gespenst.

Beckmann: Vielleicht bin ich auch ein Gespenst. Eins von gestern, das heute keiner mehr sehen will. Ein Gespenst aus dem Krieg, für den Frieden provisorisch repariert.

Mädchen *(herzlich, warm)*: Und was für ein griesgrämiges graues Gespenst! Ich glaube, Sie tragen innerlich auch so eine Gasmaskenbrille, Sie behelfsmäßiger Fisch. Lassen Sie mir die Brille. Es ist ganz gut, wenn Sie mal einen Abend alles ein bisschen verschwommen sehen. Passen Ihnen denn wenigstens die Hosen? Na, es geht gerade. Da, nehmen Sie mal die Jacke.

Beckmann: Oha! Erst ziehen Sie mich aus dem Wasser, und dann lassen Sie mich gleich wieder ersaufen. Das ist ja eine Jacke für einen Athleten. Welchem Riesen haben Sie die denn gestohlen?

Mädchen: Der Riese ist mein Mann. War mein Mann.

Beckmann: Ihr Mann?

Mädchen: Ja. Dachten Sie, ich handle mit Männerkleidung?

Beckmann: Wo ist er? Ihr Mann?

Mädchen *(bitter, leise)*: Verhungert, erfroren, liegengeblieben – was weiß ich. Seit Stalingrad ist er vermisst. Das war vor drei Jahren.

Beckmann *(starr)*: In Stalingrad? In Stalingrad, ja. Ja, in Stalingrad, da ist mancher liegengeblieben. Aber einige kommen auch wieder. Und die ziehen dann das Zeug an von denen, die nicht wiederkommen. Der Mann, der Ihr Mann war, der der Riese war, dem dieses Zeug gehört, der ist liegengeblieben. Und ich, ich komme nun her und ziehe sein Zeug an. Das ist schön, nicht wahr. Ist das nicht schön? Und seine Jacke ist so riesig, dass ich fast darin ersaufe. *(hastig)* Ich muss sie wieder ausziehen. Doch. Ich muss wieder mein nasses Zeug anziehen. Ich komme um in dieser Jacke. Sie erwürgt mich, diese Jacke. Ich bin ja ein Witz in dieser Jacke. Ein grauenhafter, gemeiner Witz, den der Krieg gemacht hat. Ich will die Jacke nicht mehr anhaben.

Trotz deiner komischen Frisur. Die hast du wohl auch aus Russland mitgebracht, ja? Mit der Brille und dem Bein noch diese kurzen kleinen Borsten. Siehst du, das hab ich mir gedacht.

Du musst nicht denken, dass ich über dich lache, Fisch. Nein, Fisch, das tu ich nicht. Du siehst so wunderbar traurig aus, du armes graues Gespenst: in der weiten Jacke, mit dem Haar und dem steifen Bein. [...]

Beckmann *(verwirrt)*: Ich sehe dich gerne an. Dich, ja. Aber ich habe bei jedem Schritt Angst, dass es rückwärts geht. Du, das habe ich.

Mädchen: Ach du. Vorwärts, rückwärts. Oben, unten. Morgen liegen wir vielleicht schon weiß und dick im Wasser. Mausestill und kalt. Aber heute sind wir doch noch warm. Heute Abend noch mal, du. Fisch, sag was, Fisch. Heute Abend schwimmst du nur nicht mehr weg, du. Sei still. Ich glaube dir kein Wort. Aber die Tür, die Tür will ich doch lieber abschließen. [...]

Beckmann *(mit wachsender Angst)*: Ich werde jetzt ganz sachte sachte verrückt. Gib mir meine Brille. Schnell. Das kommt alles nur, weil es so nebelig vor meinen Augen ist. Da! Ich habe das Gefühl, dass hinter deinem Rücken ein Mann steht! Die ganze Zeit schon. Ein großer Mann. So eine Art Athlet. Ein Riese, weißt du. Aber das kommt nur, weil ich meine Brille nicht habe, denn der Riese hat nur ein Bein. Er kommt immer näher, der Riese, mit einem Bein und zwei Krücken. Hörst du – tock tock. Teck tock. So machen die Krücken. Jetzt steht er hinter dir. Fühlst du sein Luftholen im Nacken? Gib mir die Brille, ich will ihn nicht mehr sehen! Da, jetzt steht er ganz dicht hinter dir.

Mädchen *(schreit auf und stürzt davon. Eine Tür kreischt und schlägt zu. Dann hört man ganz laut das „Teck tock" der Krücken.)*

Beckmann *(flüstert)*: Der Riese!

Der Einbeinige *(monoton)*: Was tust du hier. Du? In meinem Zeug? Auf meinem Platz? Bei meiner Frau?

Beckmann *(wie gelähmt)*: Dein Zeug? Dein Platz? Deine Frau?

Der Einbeinige *(immer ganz monoton und apathisch)*: Und du, was du hier tust?

Beckmann *(stockend, leise)*: Das habe ich gestern Nacht auch den Mann gefragt, der bei meiner Frau war. In meinem Hemd war. In meinem Bett. Was tust du hier, du? hab ich gefragt. Da hat er die Schultern hochgehoben und wieder fallen lassen und hat gesagt: Ja, was tu ich hier. Das hat er geantwortet. Da habe ich die Schlafzimmertür wieder zugemacht, nein, erst noch das Licht wieder ausgemacht. Und dann stand ich draußen.

1 Lies den Textausschnitt aufmerksam und notiere am Rand Stichwörter zu deinem ersten Eindruck von Beckmann.

2 Notiere drei Adjektive, die Beckmann charakterisieren, und belege jedes mit einer passenden Textstelle. Formuliere zu jedem Adjektiv einen kurzen Begründungssatz.

3 Arbeite heraus, was du über Beckmann erfährst. Notiere Stichwörter in die Tabelle.

Alter (schätzungsweise)	
Aussehen/ Erscheinungsbild	
Situation/ Hintergrund	
Gefühle in der Szene	
Wunsch/ Ziel in der Szene	

4 Notiere in Stichworten, was du über das Mädchen erfährst.

Situation/ Hintergrund	
Gefühle in der Szene	
Umgang mit Beckmann	
Wunsch/ Ziel in der Szene	

5 Vergleiche Beckmann und das Mädchen. Gehe dabei auf mindestens zwei Gemeinsamkeiten und zwei Unterschiede ein. Erkläre am Schluss, warum die Begegnung zwischen den beiden scheitert.

6 Schreibe eine kurze Nachricht, die das Mädchen nach Beckmanns Weggang einer Freundin schreibt. Ihre Gefühle sollen deutlich werden, ohne dass sie den ganzen Vorfall genau erzählt.

Einen Dialog analysieren

Wolfgang Borchert
Draußen vor der Tür [III. Szene]

In dieser Szene trifft Beckmann auf den ehemaligen Oberst, der ihm im Krieg Verantwortung übertragen hatte. Die Begegnung findet in der Stube der Familie des Obersts statt.

(Eine Stube. Abend. Eine Tür kreischt und schlägt zu. Der Oberst und seine Familie. Beckmann.)
Beckmann: Guten Appetit, Herr Oberst.
Der Oberst *(kaut)*: Wie bitte?
Beckmann: Guten Appetit, Herr Oberst.
Oberst: Sie stören beim Abendessen! Ist Ihre Angelegenheit so wichtig?
Beckmann: Nein. Ich wollte nur feststellen, ob ich mich heute Nacht ersaufe oder am Leben bleibe. Und wenn ich am Leben bleibe, dann weiß ich noch nicht, wie. Und dann möchte ich am Tage manchmal vielleicht etwas essen. Und nachts, nachts möchte ich schlafen. Weiter nichts.
Oberst: Na na na! Reden Sie mal nicht so unmännliches Zeug. Waren doch Soldat, wie?
Beckmann: Nein, Herr Oberst.
Schwiegersohn: Wieso nein? Sie haben doch Uniform an.
Beckmann *(eintönig)*: Ja. Sechs Jahre. Aber ich dachte immer, wenn ich zehn Jahre lang die Uniform eines Briefträgers anhabe, deswegen bin ich noch lange kein Briefträger. [...]
Mutter *(nicht gehässig, eher voll Grauen)*: Vater, sag ihm doch, er soll die Brille abnehmen. Mich friert, wenn ich das sehe.
Oberst: Das ist eine sogenannte Gasmaskenbrille, meine Liebe. Wurde bei der Wehrmacht 1934 als Brille unter der Gasmaske für augenbehinderte Soldaten eingeführt. Warum werfen Sie den Zimt nicht weg? Der Krieg ist aus.
Beckmann: Ja, ja. Der ist aus. Das sagen sie alle. Aber die Brille brauche ich noch. Ich bin kurzsichtig, ich sehe ohne Brille alles verschwommen. Aber so kann ich alles erkennen. Ich sehe ganz genau von hier, was Sie auf dem Tisch haben.
Oberst *(unterbricht)*: Sagen Sie mal, was haben Sie für eine merkwürdige Frisur? Haben Sie gesessen? Was ausgefressen, wie? Na, raus mit der Sprache, sind irgendwo eingestiegen, was? Und geschnappt, was?
Beckmann: Jawohl, Herr Oberst. Bin irgendwo mit eingestiegen. In Stalingrad, Herr Oberst. Aber die Tour ging schief, und sie haben uns gegriffen. Drei Jahre haben wir gekriegt, alle hunderttausend Mann. Und unser Häuptling zog sich Zivil an und aß Kaviar. Drei Jahre Kaviar. Und die anderen lagen unterm Schnee und hatten Steppensand im Mund. Und wir löffelten heißes Wasser. Aber der Chef musste Kaviar essen. Drei Jahre lang. [...]

Oberst: Lieber junger Freund, Sie stellen die ganze Sache doch wohl reichlich verzerrt dar. Wir sind doch Deutsche. Wir wollen doch lieber bei unserer guten deutschen Wahrheit bleiben. Wer die Wahrheit hochhält, der marschiert immer noch am besten, sagt Clausewitz.

Beckmann: Jawohl, Herr Oberst. Schön ist das, Herr Oberst. Ich mache mit, mit der Wahrheit. Wir essen uns schön satt, Herr Oberst, richtig satt, Herr Oberst. Wir ziehen uns ein neues Hemd an und einen Anzug mit Knöpfen und ohne Löcher. Und dann machen wir den Ofen an, Herr Oberst, denn wir haben ja einen Ofen, Herr Oberst, und setzen den Teekessel auf für einen kleinen Grog. Und dann ziehen wir die Jalousien runter und lassen uns in einen Sessel fallen, denn einen Sessel haben wir ja. Wir riechen das feine Parfüm unserer Gattin und kein Blut, nicht wahr, Herr Oberst, kein Blut, und wir freuen uns auf das saubere Bett, das wir ja haben, wir beide, Herr Oberst, das im Schlafzimmer schon auf uns wartet, weich, weiß und warm. Und dann halten wir die Wahrheit hoch, Herr Oberst, unsere gute deutsche Wahrheit. [...]

Oberst *(ohne Schärfe):* Ich habe aber doch stark den Eindruck, dass Sie einer von denen sind, denen das bisschen Krieg die Begriffe und den Verstand verwirrt hat. Warum sind Sie nicht Offizier geworden? Sie hätten zu ganz anderen Kreisen Eingang gehabt. Hätten 'ne anständige Frau gehabt und dann hätten Sie jetzt auch 'n anständiges Haus. Wärn ja ein ganz anderer Mensch. Warum sind Sie kein Offizier geworden?

Beckmann: Meine Stimme war zu leise, Herr Oberst, meine Stimme war zu leise.

Oberst: Sehen Sie, Sie sind zu leise. Mal ehrlich, einer von denen, die ein bisschen müde sind, ein bisschen weich, wie?

Beckmann: Jawohl, Herr Oberst. So ist es. Ein bisschen leise. Ein bisschen weich. Und müde, Herr Oberst, müde, müde, müde! Ich kann nämlich nicht schlafen, Herr Oberst, keine Nacht, Herr Oberst. Und deswegen komme ich her, darum komme ich zu Ihnen, Herr Oberst, denn ich weiß, Sie können mir helfen. Ich will endlich mal wieder pennen! Mehr will ich ja gar nicht. Nur pennen. Tief, tief pennen. [...]

Oberst *(überlegen)*: Lasst mich nur machen, Kinder, ich kenne diese Typen von der Truppe.

Mutter: Mein Gott, der schläft ja im Stehen.

Oberst *(fast väterlich):* Müssen ein bisschen hart angefasst werden, das ist alles. Lasst mich, ich mache das schon.

Beckmann *(ganz weit weg)*: Herr Oberst?

Oberst: Also, was wollen Sie nun?

Beckmann: Herr Oberst?

Oberst: Ich höre, ich höre. [...]

Beckmann: Ich bringe sie Ihnen zurück.

Oberst: Wen?

Beckmann: Die Verantwortung. Ich bringe Ihnen die Verantwortung zurück. Haben Sie das ganz vergessen, Herr Oberst? Den 14. Februar? Bei Gorodok. Es waren 42 Grad Kälte. Da kamen Sie doch in unsere Stellung, Herr Oberst, und sagten: Unteroffizier Beckmann. Hier, habe ich geschrien. Dann sagten Sie, und Ihr Atem blieb an Ihrem Pelzkragen als Reif hängen – das weiß ich noch ganz genau, denn Sie hatten einen sehr schönen Pelzkragen – dann sagten Sie: Unteroffizier Beckmann, ich übergebe Ihnen die Verantwortung für die zwanzig Mann. Sie erkunden den Wald östlich Gorodok und machen nach Möglichkeit ein paar Gefangene, klar? Jawohl, Herr Oberst, habe ich da gesagt. Und dann sind wir losgezogen und haben erkundet. Und ich – ich hatte die Verantwortung. Dann haben wir die ganze Nacht erkundet, und dann wurde geschossen, und als wir wieder in der Stellung waren, da fehlten

aus, nun will ich pennen, nun gebe ich Ihnen die Verantwortung zurück, Herr Oberst. Ich will sie nicht mehr, ich gebe sie Ihnen zurück, Herr Oberst.

Oberst: Aber mein lieber Beckmann. Sie erregen sich unnötig. So war es doch nicht gemeint.

Beckmann *(ohne Erregung, aber ungeheuer ernsthaft)*: Doch. Doch, Herr Oberst. So muss das gemeint sein. Verantwortung ist doch nicht nur ein Wort, eine chemische Formel, nach der helles Menschenfleisch in dunkle Erde verwandelt wird. Man kann doch Menschen nicht für ein leeres Wort sterben lassen. Irgendwo müssen wir doch hin mit unserer Verantwortung. Die Toten – antworten nicht. Gott – antwortet nicht. Aber die Lebenden, die fragen. Die fragen jede Nacht, Herr Oberst. Wenn ich dann wach liege, dann kommen sie und fragen. Frauen, Herr Oberst, traurige, trauernde Frauen. Alte Frauen mit grauem Haar und harten rissigen Händen – junge Frauen mit einsamen sehnsüchtigen Augen. Kinder, Herr Oberst, Kinder, viele kleine Kinder. Und die flüstern dann aus der Dunkelheit: Unteroffizier Beckmann, wo ist mein Vater, Unteroffizier Beckmann? Unteroffizier Beckmann, wo haben Sie meinen Mann? Unteroffizier Beckmann, wo ist mein Sohn, wo ist mein Bruder, Unteroffizier Beckmann, wo ist mein Verlobter, Unteroffizier Beckmann? Unteroffizier Beckmann, wo? wo? wo? So flüstern sie, bis es hell wird. Es sind nur elf Frauen, Herr Oberst, bei mir sind es nur elf. Wie viel sind es bei Ihnen, Herr Oberst? Tausend? Zweitausend? Schlafen Sie gut, Herr Oberst? Dann macht es Ihnen wohl nichts aus, wenn ich Ihnen zu den zweitausend noch die Verantwortung für meine elf dazugebe. Können Sie schlafen, Herr Oberst, mit 2.000 nächtlichen Gespenstern? Können Sie überhaupt leben, Herr Oberst, können Sie eine Minute leben, ohne zu schreien? Herr Oberst, Herr Oberst, schlafen Sie nachts gut? Ja? Dann macht es Ihnen ja nichts aus, dann kann ich wohl nun endlich pennen – wenn Sie so nett sind und sie wieder zurücknehmen, die Verantwortung. Dann kann ich wohl nun endlich in aller Seelenruhe pennen. [...]

1 Beschreibe, wie sich Beckmann und der Oberst im Gespräch verhalten. Gehe dabei auf diese Fragen ein:
- Wer bringt Themen ein?
- Wer reagiert, wer weicht aus?

2 Analysiere folgende Aussagen Beckmanns aus dem Dialog. Trage deine Ergebnisse in die Tabelle ein.

Aussage	**Wie wird es gesagt?** (z. B. ernst, ausweichend, spöttisch)	**Was wird durch die Aussage deutlich?**
„Ich kann nämlich nicht schlafen, Herr Oberst, keine Nacht, Herr Oberst." (Z. 53)		
„… nun gebe ich Ihnen die Verantwortung zurück, Herr Oberst." (Z. 78)		
„Können Sie schlafen, Herr Oberst …?" (Z. 96)		

3 Analysiere das sprachliche Verhalten des Obersts.

a) Markiere am Rand alle Stellen, an denen der Oberst sich verteidigt oder seine eigene Verantwortung von sich weist.

b) Beschreibe in einem kurzen Text (ca. 50 Wörter), welche Strategien der Oberst benutzt. Beziehe dich dabei auf konkrete sprachliche Mittel (z. B. Fragen, Abwehr, persönliche Angriffe, Fachsprache, Belehrungen).

4 Beantworte in einem zusammenhängenden Text folgende Fragen. Beziehe dich dabei auf den Verlauf des Gesprächs und belege deine Aussagen jeweils mit geeigneten Textstellen

- Was will Beckmann vom Oberst?
- Warum verweigert der Oberst ihm das?
- Wie geht der Oberst mit seiner Schuld und Verantwortung um?

Einen dramatischen Konflikt untersuchen

Wolfgang Borchert
Draußen vor der Tür [V. Szene]

In dieser Szene trifft Beckmann auf Frau Kramer und erfährt, was mit seinen Eltern geschehen ist. Sie reagiert kühl und distanziert, sodass Beckmann mit seiner Trauer und seinen Schuldgefühlen allein bleibt.

(Ein Haus. Eine Tür. Beckmann.)
Beckmann: Unser Haus steht noch! Und es hat eine Tür. Und die Tür ist für mich da. Meine Mutter ist da und macht mir die Tür auf und lässt mich rein. Dass unser Haus noch steht! Die Treppe knarrt auch immer noch. Und da ist unsere Tür. Da kommt mein Vater jeden Morgen um acht Uhr raus. Da geht er jeden Abend wieder rein. Nur sonntags nicht. Da fuchtelt er mit dem Schlüsselbund umher und knurrt vor sich hin. Jeden Tag. Ein ganzes Leben. Da geht meine Mutter rein und raus. Dreimal, siebenmal, zehnmal am Tag. Jeden Tag. Ein Leben lang. Ein langes Leben lang. Das ist unsere Tür. [...] Der Krieg ist an dieser Tür vorbeigegangen. Er hat sie nicht eingeschlagen und nicht aus den Angeln gerissen. Unsere Tür hat er stehen lassen, zufällig, aus Versehen. Und nun ist diese Tür für mich da. Für mich geht sie auf. Und hinter mir geht sie zu, und dann stehe ich nicht mehr draußen. Dann bin ich zu Hause. Das ist unsere alte Tür mit ihrer abgeblätterten Farbe und dem verbeulten Briefkasten. Mit dem wackeligen weißen Klingelknopf und dem blanken Messingschild, das meine Mutter jeden Morgen putzt und auf dem unser Name steht: Beckmann –
Nein, das Messingschild ist ja gar nicht mehr da! Warum ist denn das Messingschild nicht mehr da? Wer hat denn unseren Namen weggenommen? Was soll denn diese schmutzige Pappkarte an unserer Tür? Mit diesem fremden Namen? Hier wohnt doch gar kein Kramer! Warum steht denn unser Name nicht mehr an der Tür? Der steht doch schon dreißig Jahre da. Der kann doch nicht einfach abgemacht und durch einen anderen ersetzt werden! Wo ist denn unser Messingschild? Die andern Namen im Haus sind doch auch noch alle an ihren Türen. Wie immer. Warum steht hier denn nicht mehr Beckmann? Da kann man doch nicht einfach einen anderen Namen annageln, wenn da dreißig Jahre lang Beckmann angestanden hat. Wer ist denn dieser Kramer!?
(Er klingelt. Die Tür geht kreischend auf.)

Frau Kramer *(mit einer gleichgültigen, grauenhaften, glatten Freundlichkeit, die furchtbarer ist als alle Roheit und Brutalität)*: Was wollen Sie?

Beckmann: Ja, guten Tag, ich –

Frau Kramer: Was?

Beckmann: Wissen Sie, wo unser Messingschild geblieben ist?

Frau Kramer: Was für ein „unser Schild"?

Beckmann: Das Schild, das hier immer an war. Dreißig Jahre lang.

Frau Kramer: Weiß ich nicht.

Beckmann: Wissen Sie denn nicht, wo meine Eltern sind?

Frau Kramer: Wer sind das? Wer sind Sie denn?

Beckmann: Ich heiße Beckmann. Ich bin hier doch geboren. Das ist doch unsere Wohnung.

Frau Kramer *(immer mehr schwatzhaft und schnodderig als absichtlich gemein)*: Nein, das stimmt nicht. Das ist unsere Wohnung. Geboren können Sie hier ja meinetwegen sein, das ist mir egal, aber Ihre Wohnung ist das nicht. Die gehört uns.

Beckmann: Ja, ja. Aber wo sind denn meine Eltern geblieben? Die müssen doch irgendwo wohnen!

Frau Kramer: Sie sind der Sohn von diesen Leuten, von diesen Beckmanns, sagen Sie? Sie heißen Beckmann?

Beckmann: Ja, natürlich, ich bin Beckmann. Ich bin doch hier in dieser Wohnung geboren.

Frau Kramer: Das können Sie ja auch. Das ist mir ganz egal. Aber die Wohnung gehört uns.

Beckmann: Aber meine Eltern! Wo sind meine Eltern denn abgeblieben? Können Sie mir denn nicht sagen, wo sie sind?

Frau Kramer: Das wissen Sie nicht? Und Sie wollen der Sohn sein, sagen Sie? Sie kommen mir aber vor! Wenn Sie das nicht mal wissen, wissen Sie?

Beckmann: Um Gottes Willen, wo sind sie denn hin, die alten Leute? Sie haben hier dreißig Jahre gewohnt und nun sollen sie mit einmal nicht mehr da sein? Reden Sie doch was! Sie müssen doch irgendwo sein!

Frau Kramer: Doch. Soviel ich weiß: Kapelle 5.

Beckmann: Kapelle 5? Was für eine Kapelle 5 denn?

Frau Kramer *(resigniert, eher wehleidig als brutal)*: Kapelle 5 in Ohlsdorf. Wissen Sie, was Ohlsdorf ist? Ne Gräberkolonie. Wissen Sie, wo Ohlsdorf liegt? Bei Fuhlsbüttel. Da oben sind die drei Endstationen von Hamburg. In Fuhlsbüttel das Gefängnis, in Alsterdorf die Irrenanstalt. Und in Ohlsdorf der Friedhof. Sehen Sie, und da sind sie geblieben, Ihre Alten. Da wohnen sie nun. Verzogen, abgewandert, parti. Und das wollen Sie nicht wissen?

Beckmann: Was machen sie denn da? Sind sie denn tot? Sie haben doch noch eben gelebt. Woher soll ich das denn wissen? Ich war drei Jahre lang in Sibirien. Über tausend Tage. Sie sollen tot sein? Eben waren sie doch noch da. Warum sind sie denn gestorben, ehe ich nach Hause kam? Ihnen fehlte doch nichts. Nur dass mein Vater den Husten hatte. Aber den hatte er immer. Und dass meine Mutter kalte Füße hatte von der gekachelten Küche. Aber davon stirbt man doch nicht. Warum sind sie denn gestorben? Sie hatten doch gar keinen Grund. Sie können doch nicht so einfach stillschweigend wegsterben!

Frau Kramer *(vertraulich, schlampig, auf raue Art sentimental)*: Ha, Sie sind vielleicht 'ne Marke, Sie komischer Sohn. Gut, Schwamm drüber. Tausend Tage Sibirien ist auch kein Spaß. Versteh schon, wenn man dabei durchdreht und in die Knie geht. Die alten Beckmanns konnten nicht mehr, wissen Sie. [...]

Beckmann: Weiter. Was ist mit meinem Vater. Erzählen Sie doch weiter. Es war gerade so [illegible]

Frau Kramer: Da ist nichts mehr zu erzählen. An die Luft gesetzt haben sie Ihren Papa, ohne Pension, versteht sich. Und dann sollten sie noch aus der Wohnung raus. Nur den Kochtopf durften sie behalten. Das war natürlich trübe. Und das hat den beiden Alten den Rest gegeben. Da konnten sie wohl nicht mehr. Und sie mochten auch nicht mehr. Na, da haben sie sich dann selbst endgültig entnazifiziert. Das war nun wieder konsequent von Ihrem Alten, das muss man ihm lassen.

Beckmann: Was haben sie? Sich selbst –

Frau Kramer *(mehr gutmütig als gemein)*: Entnazifiziert. Das sagen wir so, wissen Sie. Das ist so ein Privatausdruck von uns. Ja, die alten Herrschaften von Ihnen hatten nicht mehr die rechte Lust. Einen Morgen lagen sie steif und blau in der Küche. So was Dummes, sagt mein Alter, von dem Gas hätten wir einen ganzen Monat kochen können.

Beckmann *(leise, aber furchtbar drohend)*: Ich glaube, es ist gut, wenn Sie die Tür zumachen, ganz schnell. Ganz schnell! Und schließen Sie ab. Machen Sie ganz schnell Ihre Tür zu, sag ich Ihnen! Machen Sie!

(Die Tür kreischt, Frau Kramer schreit hysterisch, die Tür schlägt zu.)

1 Lies den Textausschnitt und markiere alle Stellen, in denen Beckmann von sich oder seinen Eltern spricht. Markiere mit einer anderen Farbe alle Stellen, in denen Frau Kramer darauf reagiert.

2 Notiere hinter jedem Verbindungspfeil ein bis zwei Stichwörter, die den jeweiligen Konflikt zwischen Beckmann und den anderen Figuren beschreiben (z. B. Schuld, Ablehnung, wirtschaftliche Not, Gleichgültigkeit).

Beckmann
- ► Eltern ....
- ► Fr. Kramer ....
- ► Gesellschaft ....

3 Beantworte in deinem Heft folgende Fragen in einem zusammenhängenden Text:

- Was erfährt Beckmann über seine Eltern?
- Wie reagiert Frau Kramer darauf? Welche Gründe lassen sich für ihr Verhalten erkennen?
- Wie hätte Fraue Kramer anders reagieren können?

4 Analysiere, welche Konflikte (► **Aufgabe 2**) in der Szene nach außen sichtbar werden und welche Beckmann innerlich austrägt.

a) Unterteile dein Heftblatt in zwei Spalten: äußere Konflikte – innere Konflikte.

b) Ordne mindestens drei Konfliktaspekte der Szene den beiden Spalten zu und begründe jeweils kurz deine Entscheidung.

5 Erkläre, wie wirtschaftliche Sorgen, Wohnungsnot und die Lebenssituation der Nachkriegszeit (► **QR-Codes auf S. 14**) den Konflikt zwischen Beckmann und Frau Kramer beeinflussen.

6 Schreibe einen inneren Monolog Beckmanns (mind. 150 Wörter), unmittelbar nachdem Frau Kramer die Tür geschlossen hat. Bringe mindestens zwei der Begriffe Schuld, Trauma, Einsamkeit oder Hoffnungslosigkeit unter. Lass erkennen, ob Beckmann noch einen Ausweg sieht oder jede Hoffnung verloren hat.

Lyrische Texte untersuchen und verstehen

Bilder in Gedichten erkennen und deuten

▸ **Hier findest du Informationen in deinem KombiBuch:** S. 192–207.

Martin Greif
Erstes Grün (1909)

Kaum entkeimt das erste Grün
Den vom Pflug gebroch'nen Schollen,
Und kein Blatt verrät es kühn,
Wo die Veilchen sprießen wollen.

Nirgend weilt das Aug' mit Lust,
Winter herrscht noch streng auf Erden,
Und doch fühl' ich's in der Brust,
Dass es bald wird Frühling werden.

1 Lies das Gedicht und notiere in einem Satz, in welcher Situation sich das lyrische Ich befindet.

2 Benenne das Gefühl des lyrischen Ichs mit einem passenden Nomen.

3 **a)** Notiere das im Titel verwendete rhetorische Mittel auf die Schreiblinie neben dem Titel.
b) Erkläre den Titel des Gedichts.

4 Erkläre, warum die Farbe Grün auch im folgenden Piktogramm eine symbolische Wirkung hat.

Rose Ausländer
Träume eines Jünglings (1979)

Nun bin ich groß
und werde größer

Ich werde
Paläste baun aus Marmor
sonnenrund

werde Lieder schneiden
aus dem Feuer

Ich werde
Sterne in die Erde pflanzen
dass sie strahle

Ich werde König sein
meine Krone
dem Winde schenken
mit ihm wandern
durch die Welten
und Trauerkinder trösten

5 In diesem Gedicht erträumt sich der Junge seine Zukunft in starken Bildern. Markiere die verwendeten Bilder und ordne die einzelnen Bildteile den folgenden Bildbereichen zu:

Licht	Erhabenheit	Aktivität
sonnenrund (V. 5)	....	....
....	....	....
....	....	....
....	....	....
....	....	....

6 Verfasse einen kurzen Text (ca. 50 Wörter), in dem du die Sicht des Jünglings auf die Zukunft anhand der drei Bildbereiche deutest. Die folgenden Bausteine können dir helfen.

Wortspeicher

Bildbereich „Licht" – Optimismus – selbstbewusst – Träume – Bilder rätselhaft wie die Zukunft selbst

7 Ein Foto illustriert das Gedicht. Begründe, ob du es passend findest.

Gedichte analysieren

1 Bei einer Gedichtanalyse beachtet man unterschiedliche formale Analysebereiche, die du in der untenstehenden Tabelle findest.

a) Übertrage die Tabelle in dein Heft und ordne die untenstehenden Fachbegriffe ein.
b) Ergänze jeden Analysebereich um weitere Fachbegriffe, die du kennst.
c) Suche in den auf Seite 25 und 26 abgebildeten Gedichten ein Beispiel zu jedem Analysebereich. Notiere den Vers und den passenden Fachbegriff.

Reimschema	Metrum	Satzfiguren	Wortfiguren	Klangfiguren
Kreuzreim				

Kreuzreim:
a b a b / c d c d / usw.

Paarreim:
a a / b b / c c / usw.

umarmender Reim:
a b b a / c d d c / usw.

Jambus: x x́
unbetont/betont

Trochäus: x́ x
betont/unbetont

Anapäst: x x x́
unbetont/unbetont/betont

Daktylus: x́ x x
betont/unbetont/unbetont

Hyperbel (Übertreibung): Er hat einen Mund wie ein Scheunentor.

Alliteration (Stabreim): **F**ischers **F**ritze **f**ischt **f**rische **F**ische.

Anapher (Wortwiederholung am Versanfang): **Hörst du, wie** die Brunnen rauschen? / **Hörst du, wie** die Grille zirpt? (Brentano)

Vergleich: Blitze schossen wie Speere vom Himmel.

Metapher (Bedeutungsübertragung): Das Eis zwischen ihnen brach.

Onomatopoesie (Lautmalerei): Da pfeift es und geigt es und klinget und klirrt, / Da ringelt's und schleift es und rauschet und wirrt, / Da pispert's und knistert's und flüstert's und schwirrt (Goethe)

Enjambement (Zeilensprung): Das Versende stimmt nicht mit dem Satzende überein.
In Wiesen und Flur / Gibt uns die Natur (Weiße)

Personifikation: Die Sonne schaut hinter den Bäumen hervor.

Inversion (Umstellung): Bestraft muss er werden.

Parallelismus (gleicher Satzaufbau): Der Einsatz war groß, der Gewinn war riesig.

rung unterschiedlicher Sinneseindrücke): warmes Licht

Symbol: Taube (Frieden)

Satz): Vorbei, verweht, nie wieder. (Tucholsky)

Ein Gedicht interpretieren

Mascha Kaléko
Seiltänzerin ohne Netz (1977)

Mein Leben war ein Auf-dem-Seile-Schweben.
Doch war es um zwei Pfähle fest gespannt.
Nun aber ist das starke Seil gerissen:
Und meine Brücke ragt ins Niemandsland.

Und dennoch tanz ich und will gar nichts wissen,
Teils aus Gewohnheit, teils aus stolzem Zorn.
Die Menge starrt gebannt und hingerissen.
Doch gnade Gott mir, blicke ich nach vorn.

1 Lies das Gedicht von Mascha Kaléko und notiere deine ersten Leseeindrücke stichwortartig.

....

....

2 **a)** Markiere mit drei verschiedenen Farben die drei Zeitebenen des Gedichts (Vergangenheit, Gegenwart, Zukunft).
b) Notiere die Sprachbilder, die das Leben in der jeweiligen Zeitebene charakterisieren. Deute sie anschließend in der rechten Spalte. Der Wortspeicher hilft dir dabei.

Wortspeicher
vorsichtige Hoffnung – Unbeschwertheit – Vergnügtsein – Angst – Unsicherheit – Gedankenverlorenheit – Sicherheit – Konzentration auf das Hier und Jetzt

	Sprachbild/Metapher	Bedeutung
Vergangenheit	Auf-dem-Seile-Schweben (V. 1) [Leben] „fest gespannt“ (V. 2)	
Gegenwart		
Zukunft		

3 Verfasse einen inneren Monolog der Seiltänzerin. Gehe dabei auch auf ihre Sicht auf die Zukunft ein. Beginne folgendermaßen:

Bis gestern war meine Aufgabe noch so einfach …

4 Viele Gedichte weisen Reime auf, wie auch „Seiltänzerin ohne Netz“. Analysiere das vorliegende Reimschema.

5 Dichter und Dichterinnen gestalten den Klang in Gedichten bewusst durch den Reim, aber auch durch das Versmaß und den Rhythmus.

a) Höre dir den Gedichtvortrag an und markiere im Gedicht auf Seite 28 die rhythmische Besonderheit im letzten Vers.

b) Erkläre anschließend die gesamte rhythmische Gestaltung des Gedichts in einem kurzen Text. Die folgenden Begriffe können dir helfen.

Wortspeicher

ähnliche Verslänge – Erkenntnis: Gefahr – Gleichmäßigkeit – „gnade Gott mir“ – Jambus – konstantes Tempo der Seiltänzerin – Pause – Stocken – Zäsur

6 Du sollst Form, Reimschema und Rhythmus des Gedichts beschreiben und in Beziehung zum Inhalt setzen. Deine Sitznachbarin hat folgenden nicht ganz gelungenen Textanfang formuliert. Kommentiere ihn, sodass sie eine verbesserte Fassung schreiben kann.

Das Gedicht „Seiltänzerin ohne Netz“ besteht aus zwei Strophen mit jeweils 4 Versen, die alle etwa gleich lang sind. Normalerweise weist das Gedicht einen Kreuzreim auf, zeigt also das Reimschema abab. Das passt gut zum Auf-und-Ab des Lebens, denn das Leben der Seiltänzerin ist ja das Thema des Gedichtes. Aber an einer Stelle (Zeile 3) wird dieses Reimschema durchbrochen: Das Seil ist gerissen. Der regelmäßige Rhythmus ist unterbrochen. Damit wird eine Zäsur im Leben der Seiltänzerin zum Ausdruck gebracht, nach der das Leben von Unsicherheit geprägt ist, was durch die Metapher der „Brücke […] ins Niemandsland“ (Z.4) ausgedrückt wird …

ACHTUNG FEHLER!

7 In der zweiten Strophe wechselt das Gedicht von der Gegenwart zur Zukunft. Analysiere und beschreibe, wie es Kaléko gelingt, diese ungewisse Zukunft auch sprachlich auszudrücken. Beachte dabei auch die letzte Zeile.

....

....

....

....

....

8 Entscheide, welcher der Einleitungssätze der gelungenste ist, auch weil er am besten zur Formulierung einer ersten Deutungshypothese führt, und begründe dein Urteil.

A Das Gedicht „Seiltänzerin ohne Netz“ stammt von Mascha Kaléko. Es wurde 1977 erstmals veröffentlicht. Darin geht es um das Leben einer Seiltänzerin, die vielleicht auch für das Leben der Autorin steht, das zuerst in Sicherheit abläuft und nach einem Unglück zu einem Leben in Unsicherheit wird.

B Das Gedicht „Seiltänzerin ohne Netz“ von Mascha Kaléko (1977) thematisiert den Lebensweg einer Seiltänzerin, die zwischen früherer Sicherheit und wachsender Zukunftsangst schwankt. Die Entwicklung der Gefühle zeigt sich in drei Zeitebenen: Vergangenheit, Gegenwart und Zukunft.

C Das Gedicht „Seiltänzerin ohne Netz“ handelt vom Leben einer Seiltänzerin, die zwischen einer gefühlt sicheren Vergangenheit und einer großen Angst vor der Zukunft steht.

9 Im folgenden Artikel über Mascha Kaléko wird das berühmte Bild ihrer Seiltänzerin zitiert. Erkläre dessen Bedeutung in Zusammenhang mit Mascha Kalékos Leben.

Mascha Kaléko (1907–1975)

Wer Mascha Kalékos Zeilen folgt, begeht ein Terrain, [...] [das] sich quer durch die Sprachen und Mentalitäten spannt. Der große Erfolg ihrer Songs verdankt sich auch der ungewohnten Verbindung von Berliner Schnoddrigkeit mit Wärme und Melancholie des Ostjudentums. **Seile, gespannt über die Kontinente, auf denen sie tanzen kann. Ohne Netz und doppelten Boden.** Claire Waldoff und Rosa Va trugen ihre Chansons in Cabarets vor, nach ihrem Verbot durch die Nazis wurden die Songs abgeschrieben und heimlich verbreitet. „Ich werde still sein; doch mein Lied geht weiter.“

Mit „Song“ ist hier ein lyrisches Gedicht mit Liedcharakter gemeint, das für Bühne und Vortrag (Kabarett/Chanson) geschrieben wurde.

10 Verfasse eine komplette Gedichtinterpretation, in der du die Sicht auf die Zukunft der Seiltänzerin, die Bildlichkeit und die klanglichen Merkmale des Gedichts analysierst und deutest.

Tipp Stütze dich auf die Ergebnisse aus den bisherigen Aufgaben und beziehe dich in der Formulierung der Deutungshypothese und der gesamten Deutung auf die Ergebnisse aus den Aufgaben 1–9. (▸ KB, S. 202–205)

Sachtexte erschließen und beurteilen

Journalistische Textsorten unterscheiden

▸ **Hier findest du Informationen in deinem KombiBuch: S. 216–234.**

Nicola Wilbrand-Donzelli

Abgrenzen und dazugehören
Was ist eine Jugendkultur?

Jugendliche Szenen sind präsent in der alltäglichen Wahrnehmung, prägen Zeitgeist, Mode- oder Musikstile. Für die Elterngeneration ist es da schwer, den Überblick über die aktuellen Trends zu behalten. Und was ist überhaupt eine Jugendkultur?

Den Begriff „Jugend" als Lebensabschnitt zwischen Kindheit und Erwachsenendasein gibt es erst seit circa hundert Jahren und ebenso lange existieren Jugendkulturen und Jugendbewegungen. Letztere sind organisierte Zusammenschlüsse, während Jugendkulturen eben genau das nicht sein wollen: organisiert und geregelt.
Mit der Jugendbewegung der „Wandervögel" tauchten Anfang des 20. Jahrhunderts zum ersten Mal Heranwachsende auf, die sich demonstrativ und freiheitsliebend der Natur zuwandten und dies als erste zaghafte Rebellion und Abgrenzung gegen die strikten moralischen Zwänge der älteren Generation verstanden.
In den fünfziger Jahren folgten die Halbstarken der Rock 'n' Roll-Zeit, in den wilden 60er und 70er Jahren wurde das Aufbegehren politisch und die Jugend ging auf Konfrontationskurs zum Establishment, brach offensiv bürgerliche Tabus.
Jeder, der über dreißig war, galt automatisch als „Spießer". Provokation um jeden Preis hieß die Devise, um den „Otto Normalverbraucher" aus der Reserve zu locken und zu schockieren. Das galt für die Hippies, die [illegible] gemeinten „make love not war" auf sich aufmerksam machten, genauso wie für die Stones-Anhänger, die mit ihrer Lebensphilosophie „sex and drugs and Rock 'n' Roll" die Gemüter der älteren Generation mächtig in Wallung brachten.
Und schließlich die Punks, die mit ihren dreckigen Klamotten, Sicherheitsnadeln und Irokesen-Frisuren mit großen Lettern „Anarchie" auf ihre Fahnen geschrieben hatten. So verschieden diese Trends waren, eines hatten sie gemeinsam. Ihnen ging es um offenes Ausleben des Generationskonfliktes, um die inszenierte sichtbare Rebellion. [...]
Heute ist die radikale und politische Opposition gegen die Gesellschaft der Elterngeneration nur noch bei wenigen Teenagern ein Thema, denn die aktuelle Jugendkultur hat sich zu einem äußerst vielfältigen und populären Freizeitkosmos gewandelt, in dem der Kommerz eine große Rolle spielt. Deshalb kann man die meisten trendigen Szenen nur noch schwerlich als Subkulturen mit Nischendasein bezeichnen, denn sie sind Teil unserer Konsumgesellschaft.

▸ Fortsetzung auf der nächsten Seite

Jugendkulturen sind heute deshalb für die Kids attraktiv, weil sie so ihren Alltag ein wenig bunter färben, mit unangepassten Lebenskonzepten experimentieren und mit Gleichgesinnten eintauchen können in eine selbstgeschaffene soziale Heimat. So sind sie weit weg von den Problemen, die es mit den Eltern gibt, weit weg vom Schulstress und weit weg von allen anderen schlechten Nachrichten, die täglich in den Medien auf sie einströmen in einer immer unübersichtlicher werdenden Welt. [...]

www.t-online.de, 06.03.2018

1 **a)** Verschaffe dir durch überfliegendes Lesen einen ersten Eindruck von dem Inhalt und der Absicht des Textes.

b) Ordne den Text einer journalistischen Textsorte zu: Handelt es sich beim Text um eine Nachricht, einen Bericht, eine Reportage oder einen Kommentar? (► KB, S. 223, 229, 234) Begründe deine Wahl.

Journalistische Textsorte: ....

Begründung: ....

....

....

....

....

....

....

....

....

....

....

....

....

2 **a)** Erkläre die unten notierten Begriffe entweder aufgrund des Textzusammenhangs oder mithilfe eines Wörterbuchs schriftlich.

- die Wandervögel (► Z. 9): ....
- das Establishment (► Z. 21): ....
- der Kommerz (► Z. 49): ....
- die Subkulturen (► Z. 51): ....

b) Ergänze drei weitere, deiner Meinung nach schwierige Begriffe aus dem Text und erkläre sie.

- .... (► Z. ....): ....
- .... (► Z. ....): ....
- .... (► Z. ....): ....

3 **a)** Markiere im Text die informierenden und die wertenden Passagen mit unterschiedlichen Farben.
b) Fasse den Inhalt der wertenden Passagen zusammen. (► **KB, S. 219**)

....

4 Beziehe in deinem Heft Stellung zu der Aussage: „Heute ist die radikale und politische Opposition gegen die Gesellschaft der Elterngeneration nur noch bei wenigen Teenagern ein Thema“ (Z. 43 ff.).

Journalistische Textsorten analysieren

M1 Tausende Cosplayer erobern die Basler Messehallen

Die Comic Con „Fantasy Basel“ hat am Donnerstag zum vierten Mal ihre Tore geöffnet. Die Veranstalter erwarten am dreitägigen Festival rund 50.000 meist junge Besucher, viele von ihnen kommen kostümiert. Ein Pilgerort für Fans von Film-, Serien- und Comic-Helden – eine Reportage.

Die ersten Träume an dieser vierten Ausgabe der Fantasy Basel zerplatzen schon kurz nach dem Einlass. Und zwar in der Waffenkammer, ausgerechnet. Dort steht ein kleiner Elf, spitze Ohren, hellgelbe Augen. „Das Messer kannst du behalten, aber die Wurfsterne müssen hierbleiben“, sagt der Mann vom Sicherheitsdienst. „Aber warum denn?“ wimmert der Elf. „Die seh'n zu echt aus“, sagt der Mann bedauernd und lässt gleichzeitig einen riesigen Kämpfer mit Laserkanone passieren. Die Szene ist sinnbildlich für den Übertritt in eine Szene, die auch hierzulande regen Zuwachs erfährt. An der Waffenkontrolle werden die Traumtänzer zum letzten Mal mit den Regeln des Diesseits belästigt, bevor sich für sie die Tore zur größten Schweizer Fantasy-Convention öffnen. Aber weil auch dort scharfe Kanten, Spitzen, Schwerter und Schusswaffen das bleiben, was sie sind, Gefahrenquellen nämlich, hat die Messe 2018 die Sicherheitsauflagen erhöht.

Der Zeitgeist will Sicherheit. Rein kommt, wessen Requisiten eindeutig erfunden sind. Originalgetreue Replikas echter Waffen bleiben draußen. Also trottet der Elf von dannen. Lange wird er nicht traurig sein, denn was sich hier darbietet, verzückt auch mit leerem Wurfsternhalfter. Was für ein Spektakel! Den besten Überblick verschafft man sich oben an der Rolltreppe, hier werden Stufe für Stufe die wildesten Kostüm-Cocktails wie auf dem Silbertablett in die Hallen serviert.

Da schwebt zum Beispiel schon ein riesenhafter Hulk heran, Hand in Hand mit Frodo, dem Hobbit. Und im Akkord folgen Elben, Zwerge, schwarze Witwen, das LARP-Kabinett in seiner ganzen Pracht. LARP steht für Live Action Role Play, und so eine Rolle mimt auch der grässliche Zombie, dessen schleppende Ketten von vier freundlichen Pikachus getragen werden, damit sie sich nicht in der Mechanik der Rolltreppe verheddern. Der Zombie bedankt sich artig, die Pikachus kichern. Eine Szene zum Steinerweichen. Glück hat, wer auf Stelzen geht wie besagter Hulk oder auch Ent Baumbart, der den Fangorn Wald aus J. R. R. Tolkiens Kosmos offenbar verließ, um nun behäbig über die drängelnde Masse zu spitzeln und sie zu sehen: Carla Juri, einer der geladenen Stars dieser Convention. Die Tessiner Schauspielerin hat mit ihrer Rolle in „Blade Runner 2049“ den Sprung auf die ganz große Bühne geschafft und wird nun in Basel von den Sci-Fi-Fans ins Kreuzverhör genommen. Wie wars denn, an der Seite von Ryan Gosling zu drehen, und wie tickt Regisseur Ridley Scott?

„Nun, bei der Arbeit wird man schnell zur Familie“, sagt Juri, „das ist in Hollywood nicht anders als in Europa. Was ganz neu war für mich, das war die gewaltige Dimension der

Sets, das war schon gigantisch". Auch das Genre war Neuland für Juri, „aber das fantastische am Sci-Fi ist unter anderem die Ausstattung. Die Kostüme, die Kulisse, die Arbeit mit Prothesen oder anderen surrealen Requisiten. Das hat mir sehr gefallen." Verzücktes Raunen unter den Fans, einer macht sich Notizen. „Wenn mich die Geschichte packt, sehe ich nichts von all dem", sagt Juri, „dann gehe ich ganz in der Story auf." Wenn nicht einmal die sogenannte Déformation professionnelle die Akteure das Illusionieren verlernt, wer oder was soll die Fantasie dann noch kleinkriegen? Die Fans jedenfalls sind zufrieden und auch Carla Juri scheint eine gute Zeit zu haben. Sie ist während der ganzen drei Tage an der Convention präsent.

50.000 Besucherinnen und Besucher erwarten die Veranstalter an diesen Festspielen, wegen des schlechten Wetters dürften es ein paar weniger werden. Im Regen vor den Hallen verziehen Passanten ob der leicht bekleideten Cos-Player schon mal das Gesicht. Sollen Sie. Jeder blöde Kommentar im Diesseits bedeutet drüben in Fantasien drei Komplimente.

Daniel Faulhaber,
www.aargauerzeitung.ch, 10.05.2018

1 **a)** Erfasse den Inhalt des Sachtextes, indem du die wichtigsten Stellen im Text markierst.
b) Formuliere eine Überschrift zu jedem Abschnitt und fasse die Abschnitte jeweils in Stichpunkten zusammen. (► KB, S. 147) Orientiere dich dabei am untenstehenden Beispiel. Schreibe in dein Heft.

Beispiel:
Schilderung einer Episode im Eingangsbereich der Veranstaltung in der Cosplayerszene (Z. 1–33):

- als Elf kostümierter Cosplayer muss an der Eingangskontrolle seine Wurfsterne
- allgemeine Informationen zu den Sicherheitsregeln: zahlreiche originalgetreue Repliken echter Waffen müssen am Eingang abgegeben werden
- verallgemeinernde Hinführung zur Cosplayer-Messe

M2 Die Fantasy Basel ist eröffnet

Die Comic Con „Fantasy Basel“ hat am Donnerstag zum vierten Mal ihre Tore geöffnet. Die Veranstalter erwarten am dreitägigen Festival rund 50.000 meist junge Besucher. Viele von ihnen kommen kostümiert.

Die Veranstaltung in vier Hallen der Messe Basel umfasst die Bereiche Film, Videospiele, Comics und Cosplay. Viele Besucher erscheinen als sogenannte Cosplayer in selbstgemachten Kostümen und verkörpern Figuren aus Film- und Spiele-Universen. Sie messen sich in einem täglichen Kostüm-Wettbewerb. Anwesend sind auch zahlreiche bekannte Schauspieler aus der Film- und TV-Welt. Erwartet werden etwa Mitwirkende der Serien „Gotham“, „Game of Thrones“ oder „Vikings“ sowie aus Filmen wie „Wonder Woman“, „Solo: A Star Wars Story“ oder „Blade Runner 2049“. Die Filmstars geben in Diskussionsrunden Einblick in ihr Schaffen und stehen für Foto- und Autogrammwünsche zur Verfügung. [...]
Die „Fantasy Basel“ war 2015 erstmals durchgeführt worden. Gemäß den Veranstaltern ist sie mit rund 60.000 bespielten Quadratmetern die größte Convention ihrer Art der Schweiz. Im vergangenen Jahr zählte das Festival 43.000 Besucherinnen und Besucher. Das Plakat des diesjährigen Festivals hat Enrico Marini gestaltet. Er gilt als einer der bedeutendsten Zeichner der heutigen Comic-Szene.
www.bote.ch, 10.05.2018

M3 „Fantasy Basel“ verzeichnet erneut einen Rekord

52.000 Gamer, Manga- und Comicfans pilgerten am Wochenende nach Basel. Noch nie war die wichtigste Messe dieser Genres hierzulande so gut besucht wie dieses Jahr.

Am vergangenen Wochenende war es wieder so weit: Ritter, Elfen und Magier fanden sich zum jährlichen Treffen in Basel ein, es wurde gefeiert, getrunken und gelacht. [...] Sie pilgerten zur „Fantasy Basel The Swiss Comic Con“, der größten Messe für Film-, Game- und Comic-Fans der Schweiz. Mit 52.000 Besuchern, über 350 Ausstellern und 200 Künstlern konnte die vierte Ausgabe der Veranstaltung dieses Jahr erneut einen Rekord verzeichnen. „Die Cosplay-Contests waren auch dieses Jahr das absolute Highlight. [...]“

Mit Leidenschaft dabei

Cosplay? Richtig, Cosplay, eine Wortschöpfung aus Costume und Play – wenn sich Comic-Anhänger wie Comic-Figuren kleiden und sich genau wie diese verhalten. Cosplayer bereiten sich oft während Monaten auf ihren großen Auftritt vor und basteln an ihren Kostümen. So auch Betül Kurtulus, Özge Kaplan und Pamela Jausin. Die drei Frauen haben sich wie die Disney-Prinzessinnen Cinderella, Belle und Tiana gekleidet. „Das ist nicht unser erstes Cosplay“, erzählt Kurtulus. In früheren Jahren sei sie als Catwoman nach Basel gekommen. [...]

Preise und Vergnügen

Nebst Cosplay-Contests und Shows bot die Fantasy Basel auch viele andere abwechslungsreiche Programmpunkte. Erstmals fand dieses Jahr eine Wrestling-Meisterschaft statt, bei der sowohl Männer als auch Frauen um den Sieg rangen. Die Paneldiskussionen waren mit verschiedensten Berühmtheiten der Szene besetzt. So erzählte die Schweizer Schauspielerin Carla Juri von ihren Erfahrungen bei den Dreharbeiten zu „Bladerunner“. Royd Tolkien, ein Urenkel des Fantasy-Titanen J. R. R. Tolkien, sprach über die Welt seines Vorfahren, und der englische Schauspieler Sean Pertwee berichtete vom Set der Hit-TV-Serie „Gotham“. [...]
Dominique Zeier, www.nzz.ch, 13.05.2018

2 Die drei Texte (▸ M1, M2 und M3) handeln von demselben Thema. Dennoch unterscheiden sie sich durch ihren Umfang, ihren Aufbau und ihre Sprache. Vergleiche die Texte, indem du die folgende Tabelle in dein Heft überträgst und ausfüllst.

Text	**Umfang**	**Aufbau**	**Sprache**
Tausende Cosplayer ... (M1, S. 34)			
Die Fantasy Basel ... (M2, S. 36)			
„Fantasy Basel“ ... (M3, S. 36)			

3 Bei den drei Texten (▸ M1, M2 und M3) handelt es sich – teils in Auszügen – um eine Nachricht, einen Bericht und eine Reportage. Ordne die Textsorten zu und begründe deine Wahl. (▸ KB, S. 223, 229)

M1: ……………………………………………………………

……………………………………………………………

……………………………………………………………

M2: ……………………………………………………………

……………………………………………………………

……………………………………………………………

M3: ……………………………………………………………

……………………………………………………………

……………………………………………………………

4 Prüfe, ob sich Text M3 am Lead-Stil orientiert. (▸ KB, S. 223)

a) Notiere Zeilenangaben zu den einzelnen Aufbauelementen.
b) Erkläre die Absicht und den Zweck eines derartigen Textaufbaus.
c) Recherchiere im Internet nach einem weiteren – seriösen (▸ KB, S. 218) – informierenden journalistischen Text deiner Wahl zum Thema.
d) Überprüfe, ob der Text nach dem Lead-Stil aufgebaut ist, und fasse ihn anschließend zusammen.

Erschließe dir zunächst die Materialien (▸ KB, S. 154) und verfasse dann mithilfe deiner Stichwörter einen Informationstext (▸ KB, S. 162).

Sprachgebrauch und Sprache: Grammatik

Satzglieder bestimmen

Die Satzglieder

▸ **Hier findest du Informationen in deinem KombiBuch: S. 54.**

1 Ermittle alle Satzglieder, indem du die Umstellprobe anwendest. Notiere den Satz in umgestellter Form.

Das Junge Theater Göttingen startet am Samstag mit einer Uraufführung in die neue Spielzeit.

....

....

Das Theater erwarb die Rechte an dem Buch „Ihr wisst nicht, was Krieg ist" von Yeva Skalietska.

....

....

2 Markiere im Informationstext über das Buch „Ihr wisst nicht, was Krieg ist" die Satzglieder, indem du sie durch Striche trennst. Wende dabei – wenn möglich – die Umstellprobe an.

Beispiel: Mitten in der Stadt Charkiw | , am zwölften Geburtstag eines Mädchens, | beginnt | die Geschichte.
▸ Umstellprobe: Die Geschichte | beginnt | am zwölften Geburtstag eines Mädchens | mitten in der Stadt Charkiw.

Luftballons, Nachrichten auf dem Handy und eine geplante Bowlingparty prägen den Morgen. Doch nur wenige Tage später verändert sich alles. Raketen schlagen ein. Fensterscheiben zerbersten. Menschen fliehen. Yeva, die junge Autorin, schreibt in ihr Tagebuch. Ihre Großmutter, ihre einzige Begleiterin, versucht, sie zu schützen. Zuerst suchen sie im Keller ihres Wohnhauses Zuflucht. Dann brechen sie auf in das Haus ihrer Freundin Inna. Sie erhoffen sich dort Sicherheit, weil das Haus am Stadtrand liegt. Doch auch hier sind sie nicht sicher vor den Bomben. Sie verlassen die Stadt mithilfe von freiwilligen Helfern: Es folgen Zugfahrten, Grenzposten, fremde Bahnhöfe, eine Flucht durch die halbe Ukraine. In einem kleinen Ort an der ungarischen Grenze

treffen sie ein britisches Fernsehteam. Die Reporter begleiten sie. Sie werden nach Budapest und anschließend nach Irland gebracht. Dort beginnt ein neues Leben.
Zwischen Explosionen und Sirenen, zwischen Angst und Hoffnung, dokumentiert Yeva alles: Ihre Gedanken, ihre Gefühle, ihre Beobachtungen. Freundinnen, Schulkameraden, Zukunftspläne und geliebte Gegenstände bleiben zurück. Nur das Tagebuch bleibt bei ihr.
Mit klaren Worten beschreibt sie den Krieg. Neben ihren Aufzeichnungen spiegeln Zeitungsartikel, Nachrichtenfetzen und Telefonanrufe die Realität wider.

Das Subjekt

▸ **Hier findest du Informationen in deinem KombiBuch:** S. 56.

1 **a)** Markiere in der Zusammenfassung des Jugendromans „Rotkäppchen muss weinen" die Subjekte.
b) Schreibe die Subjekte in dein Heft und benenne jeweils die Wortart oder die Wortarten, aus denen es sich zusammensetzt.
Tipp: Manchmal können Subjekte auch Nebensätze sein.

Beispiel: Die 13-jährige Malvina: Artikel, Adjektiv, Nomen

Die 13-jährige Malvina lebt in einer Familie, die sie nicht versteht. Die Mutter, der Vater und ihre Geschwister Anne und Paul ignorieren Malvinas Widerwillen, ihren Großvater zu besuchen. Niemand hört ihr zu, wenn sie sich weigert, zu ihm zu gehen. Dass das Mädchen ihren Großvater meidet, hat einen erschütternden Grund: Er missbraucht sie. Seine Berührungen, seine Küsse und sein Verhalten verletzen Malvina zutiefst. Was sie erlebt, kann ihrer Meinung nach niemandem anvertraut werden. Nicht einmal gegenüber ihrer besten Freundin Lizzy kann Malvina sich öffnen. Auch Klatsche, ein Junge, der sie „Rotkäppchen" nennt, weil sie immer mit einem Korb zum Opa geht, kann zunächst nicht zu ihr durchdringen. Dass Malvina leidet, erkennt schließlich eine polnische Nachbarin des Großvaters. Diese Frau, die von ihm verachtet wird, wird zu Malvinas stiller Verbündeten. Aber auch eine alte Villa, die abgerissen werden soll, spielt eine wichtige Rolle in Malvinas innerem Kampf. Ob Malvina geholfen werden kann, ist für die Leserinnen und Leser nicht sofort klar. Doch Hoffnung, Freundschaft und Mut lassen sie langsam wachsen und stärker werden. Als der Großvater schließlich bei der Familie einziehen soll, steht Malvina vor einer Entscheidung. Wenn sie weiter schweigt, wird sie zugrunde gehen. [illegible] gegen den Großvater und ihre Familie aufzulehnen?

Das Prädikat

▸ **Hier findest du Informationen in deinem KombiBuch:** S. 55.

1 **a)** Markiere im Informationstext über eine Theaterinszenierung des Romans „Rotkäppchen muss weinen“ alle Prädikate.
b) Füge die Prädikate in die Tabelle ein und vervollständige die Spalten.

Endlich beginnen die Osterferien! Leider ist Malvinas beste Freundin Lizzy im Skiurlaub. Deswegen wird die abenteuerlustige Malvina ihr gemeinsames Geheimversteck allein gegen die nervigen Jungs aus der Neubausiedlung verteidigen müssen. Nebenbei muss sie sich noch um ihren Opa kümmern. Sie soll ihm täglich Essen bringen. Dabei wird sie gezwungenermaßen mit ihm allein sein. Malvina möchte das auf keinen Fall. Aber das ist irgendwie allen in ihrer Familie egal. Nur die Nachbarin des Großvaters und ein Junge aus der Neubausiedlung erkennen: Malvina verhält sich merkwürdig. Und da scheint etwas ganz und gar nicht zu stimmen.
Das Theaterstück „Rotkäppchen muss weinen“ wird im Frühjahr 2026 im Erfurter Theater aufgeführt. Es basiert auf dem gleichnamigen Roman von Beate Teresa Hanika. Es ist ein Stück über Mut, Freundschaft und Hilfsbereitschaft. Übers Erwachsenwerden, übers Hin-Hören und übers Hin-Sehen. Es zeigt mit viel Humor und gleichzeitig eindrücklich einfühlsam die Notwendigkeit, über erlebten sexuellen Missbrauch zu sprechen. Es ist außerdem ein Appell an jugendliche Zuschauerinnen und Zuschauer: Gebt bei der Suche nach Hilfe niemals auf!

Prädikat	einteilig	mehrteilig	Bestimmung
beginnen	x		Indikativ Präsens

Prädikat	einteilig	mehrteilig	Bestimmung

Szenenfoto aus dem Theaterstück „Rotkäppchen muss weinen“ im Theater Erfurt

Das Akkusativobjekt, das Dativobjekt und das Genitivobjekt

▸ **Hier findest du Informationen in deinem KombiBuch:** S. 58.

1 Markiere im Informationstext zur Hauptfigur Kim aus dem Roman „Der Chip“ die Akkusativ-, Dativ- und Genitivobjekte. Nutze dazu die Abkürzungen AO, DO und GO.

Die 15-jährige Kim, Tochter einer niederländischen Diplomatin, lebt im Jahr 2032 am Elite-Internat [illegible] überwacht und den die meisten ihrer Mitschülerinnen und Mitschüler bereits haben, möchte sie →

zunächst unbedingt bekommen. Die Hoffnung auf Anerkennung durch die Verbesserungen, die der Chip mit sich bringt, treibt sie an. Dem System „Brain“, einer künstlichen Intelligenz, schenkt sie anfangs großes Vertrauen. Die Versprechen der Technik erscheinen ihr verlockend. Doch den plötzlichen und rätselhaften Tod Jojoes, eines Mitschülers, kann „Brain“ nicht erklären. Kim beschleicht zunehmend das Gefühl, dass die Schule und das System „Brain“ etwas verbergen. Die Zweifel, die ihr Mitschüler Levin bezüglich des Chips äußert, nimmt sie deswegen sehr ernst. Mit Levin durchsucht sie daraufhin Jojoes Zimmer, um Hinweise zu finden. Kim ist zunehmend irritiert und besorgt wegen der Veränderungen ihrer Mitschülerinnen und Mitschüler. Die Kälte in ihren Blicken und die Gleichgültigkeit gegenüber Gefühlen erschrecken sie. Der Druck der Gruppe, sich anzupassen, wird immer größer. Trotzdem bleibt sie kritisch. Sie ist sich der Gefahr, die vom Vernetzungs- und Optimierungsdrang ausgeht, bewusst. Die Kontrolle über Gedanken, die Vernetzung der Chipträger und die Manipulation durch Updates bedeuten für sie plötzlich keinen Gewinn mehr. Sie stellen nun eher eine Bedrohung dar. Die Entscheidung, ob sie rebellieren oder mitlaufen soll, fällt ihr schwer. Der Mut zur Wahrheit, den sie schließlich zeigt, macht sie zur zentralen Figur des Romans.

Das Präpositionalobjekt

▸ **Hier findest du Informationen in deinem KombiBuch:** S. 60, 65.

1 **a)** Markiere in der Personencharakterisierung von Alex, dem Protagonisten des Romans „Der Geruch von Wut“, alle Präpositionen.
b) Markiere die Präpositionalobjekte.

Tipp Es liegt nur dann ein Präpositionalobjekt vor, wenn das Prädikat des Satzes eine Präposition verlangt. Diese Präposition kommt dann auch in der Frage vor, mit der du nach dem Präpositionalobjekt fragst.

Der 16-jährige Alex muss nach einem tragischen Autounfall mit einem veränderten Alltag zurechtkommen. Sein Vater stirbt bei dem Unfall, seine Mutter und er überleben schwer verletzt. Gemeinsam leben sie in einer italienischen Stadt. Alex tut sich schwer, mit dem Verlust und den Folgen des Unfalls umzugehen. Alex ist geprägt von tiefer Trauer. Er fühlt sich mit dem Schmerz allein gelassen. Er sucht verzweifelt nach einem Schuldigen. Die Wut wächst in ihm. Sie richtet sich gegen den Fahrer des Lastwagens, den er für den Tod seines Vaters verantwortlich macht.

Er beschäftigt sich zunehmend mit dem Gedanken an Rache. Als er von der Herkunft des Fahrers erfährt, richtet sich seine Wut gegen Menschen mit Migrationshintergrund und mit dunkler Hautfarbe. Auf der Suche nach Unterstützung bei der Fahndung nach dem Unfallfahrer gerät er an die rechtsradikale Gruppe „Black Boys“. Mit dem Anführer Ferenc steht er bald in engem Kontakt. Dieser verspricht ihm Hilfe bei der Suche nach dem Fahrer. Er verlangt dafür aber die Teilnahme an gewalttätigen Aktionen.

Im Umgang mit seiner Mutter zeigt Alex zunächst Rückzug und Kälte. Er verschließt sich vor ihren Sorgen. Er zieht sich zunehmend aus dem Familienleben zurück. Auch mit seiner Tante spricht er kaum. Erst als die Gewalt eskaliert und ein Mensch beinahe stirbt, beginnt Alex, über sein Handeln nachzudenken.

Der Roman zeigt: Besonders Jugendliche geraten leicht unter den Einfluss von Hassgruppen. Die Geschichte des Protagonisten Alex regt zum Nachdenken über Verantwortung, Verlust und den Umgang mit Wut an.

Das Prädikativ

▸ **Hier findest du Informationen in deinem KombiBuch: S. 61.**

1 Umkreise alle Verben, die mit einem Prädikativ stehen.

haben – sein – wollen – werden – rufen – heißen – nennen – bleiben – verharren – scheinen – überlegen – bestimmen – gelten (als) – angeben – beweisen

2 **a)** Markiere im Informationstext zum Roman „Warum willst du jetzt schon gehen?“ alle Prädikative.
b) Unterstreiche jeweils das zugehörige Prädikat.

„Warum willst du jetzt schon gehen?“ ist das erste Jugendbuch der SPIEGEL-Bestsellerautorin Gabriella Santos de Lima. Die Protagonistin Helena ist eine leidenschaftliche Leserin von Liebesromanen und eine talentierte Nachwuchsautorin. Schriftstellerin zu werden, ist ihr größter Traum. Dieser Traum scheint Wirklichkeit zu werden: Sie erhält einen Platz am renommierten Künstlerinternat Schloss Sankt Zander. Dort begegnet sie Arthur, einem draufgängerischen Indie-Sänger mit gebrochener Künstlerseele. Seine kunstbegeisterten Mitschülerinnen und Mitschüler nennen ihn bewundernd „Art“. Für Helena ist Arthur der Inbegriff eines Romanhelden. Ihre Begegnung scheint der Beginn einer perfekten Liebesgeschichte zu sein. Ihre Beziehung ist zunächst ein romantisches Abenteuer. Doch bald wird klar: Diese Liebe ist nicht nur schön. Sie ist leider auch toxisch. Ihre Beziehung schwankt aufgrund von Arthurs oft rätselhaftem Verhalten zwischen Nähe und Distanz. Helena bleibt jedoch nicht das naive Mädchen. Sie wird eine reflektierte junge Frau, die erkennt, dass Selbstliebe wichtiger ist als romantische Illusionen. Ihre Geschichte ist ein Spiegelbild vieler junger Menschen, die sich in der Liebe verlieren und sich selbst wiederfinden müssen. Der Roman ist demnach ein Plädoyer für emotionale Selbstbestimmung. Die Botschaft ist klar: Nicht jede Liebe hat ein Happy End.

Die adverbialen Bestimmungen

▸ **Hier findest du Informationen in deinem KombiBuch: S. 64.**

1 Markiere in der Rezension zum Roman „Das Mädchen im blauen Mantel“ alle adverbialen Bestimmungen. Nutze die Abkürzungen LA (Lokaladverbiale), TA (Temporaladverbiale), MA (Modaladverbiale) und KA (Kausaladverbiale).

Mitten im besetzten Amsterdam, im Jahr 1943, entfaltet sich die Geschichte von Hanneke. Die Jugendliche besorgt und liefert tagsüber Waren vom Schwarzmarkt, weil sie ihre Familie ernähren muss. Dabei denkt sie oft an ihren verstorbenen Freund Bas, der im Krieg gefallen ist. Aus Trauer und aus einem Gefühl der Ohnmacht heraus stürzt sie sich in ihre Arbeit.

Eines Tages, während einer ihrer Lieferungen, erhält sie von einer älteren Kundin einen ungewöhnlichen Auftrag: Sie soll ein verschwundenes jüdisches Mädchen finden. Es handelt sich um „das Mädchen im blauen Mantel“. Zunächst widerwillig, aber zunehmend aus wachsender moralischer Überzeugung heraus beginnt Hanneke mit der Suche. Im Laufe der Handlung bewegt sie sich durch verschiedene Viertel Amsterdams. Zwischen engen Gassen und düsteren Hinterhöfen verfolgt sie die Spur von Mirjam Roosveldt.

Weil sie sich dadurch immer mehr mit der Realität der Judenverfolgung konfrontiert sieht, verändert sich Hannekes Haltung. Mit der Zeit entwickelt sie ein stärkeres Bewusstsein für die politische Lage. Durch Gespräche mit Ollie, dem Bruder ihres verstorbenen Freundes, kommt sie in Kontakt mit dem Widerstand. Anfangs noch zögerlich, aber mit wachsendem Mut beteiligt sie sich an gefährlichen Aktionen.

Im Verlauf der Geschichte, die sich über mehrere Wochen erstreckt, wird deutlich, wie sehr Hanneke

Am Schluss wird ihr Handeln von Mitgefühl, Gerechtigkeitssinn und Überzeugung bestimmt. →

Das Ende des Romans, der stilistisch klar und eindringlich geschrieben ist, hinterlässt einen bleibenden Eindruck. Trotz einiger Längen im Mittelteil, die den Spannungsbogen etwas abschwächen, überzeugt das Buch durch seine emotionale Tiefe und historische Relevanz. Für junge Leserinnen und Leser, die sich zum ersten Mal mit dem Nationalsozialismus auseinandersetzen, bietet der Roman einen eindrucksvollen Zugang – nicht durch trockene Fakten, sondern durch eine persönliche, bewegende Geschichte.

Die Unterscheidung zwischen Präpositionalobjekt und adverbialer Bestimmung

▸ **Hier findest du Informationen in deinem KombiBuch: S. 65.**

1 **a)** Umkreise alle einleitenden Präpositionen in den markierten Satzgliedern.
b) Bestimme, ob es sich bei den markierten Satzgliedern um Präpositionalobjekte (PO) oder um Adverbiale (ADV) handelt.

Der Jugendroman „Hinter Glas" der Autorin Julya Rabinowich erzählt die Geschichte der siebzehnjährigen Alice. Diese wächst unter schwierigen Bedingungen (ADV) auf. In einem Haus voller Kälte und Kontrolle (..........) lebt sie mit ihren Eltern und ihrem tyrannischen Großvater (..........). Dieser herrscht mit psychischer Gewalt (..........) über die Familie (..........). Seit ihrer frühen Kindheit (..........) leidet Alice unter der Dominanz des Großvaters, die sich auch auf Alices Eltern überträgt (..........). Im Laufe der Handlung (..........) wird deutlich: In der Schule (..........) macht Alices zurückhaltendes Verhalten sie zur Außenseiterin (..........). Von ihren Mitschülerinnen und Mitschülern (..........) wird sie täglich gemobbt: Mit dem Spitznamen „Queen Bazilla" (..........) wird sie wegen ihrer häufigen Krankheiten (..........) verspottet. Aus Angst vor weiteren Demütigungen (..........) zieht sie sich immer mehr zurück.

→

Mit dem Auftauchen von Niko, einem neuen Schüler, (..........) beginnt sich ihr Leben zu verändern. Nach einer Weltreise mit seinem Vater (..........) kommt er neu in die Klasse. Er erkennt sofort, wie verletzlich Alice ist. Im Gegensatz zu den anderen (..........) verteidigt er sie gegen die Angriffe der Mitschülerinnen und Mitschüler (..........). In der Nähe von Niko (..........) fühlt sich Alice zum ersten Mal (..........) gesehen und verstanden. Während einer Klassenfahrt (..........) kommen sich die beiden näher. Nach einem Streit mit ihren Eltern (..........) flieht Alice zu Niko. In der Wohnung eines Freundes von ihm (..........) finden sie vorübergehend Unterschlupf. Mit dem Verkauf von Nikos Bildern (..........) versuchen sie, sich über Wasser zu halten. Trotz der anfänglichen Hoffnung auf ein neues Leben (..........) gerät Alice in eine neue Abhängigkeit (..........). Denn auch Niko wird zunehmend unberechenbar ...

Besonderheiten der Modal- und Kausaladverbiale: Das Finaladverbial, das Konsekutivadverbial, das Konditionaladverbial, das Konzessivadverbial und das Instrumentaladverbial

▸ **Hier findest du Informationen in deinem KombiBuch: S. 66.**

1 Bestimme, ob es sich bei den markierten Satzgliedern in dem Informationstext zum Jugendroman „Immer kommt mir das Leben dazwischen" um Instrumental-, Final-, Konsekutiv-, Konditional- oder Konzessivadverbiale handelt. Du findest darüber hinaus auch ein Temporal- und ein Kausaladverbial.

Der Hauptprotagonist des humorvollen Romans „Immer kommt mir das Leben dazwischen" heißt Karl und er ist dreizehn Jahre alt. Er möchte YouTube-Star werden, um Berühmtheit zu erlangen.

Finaladverbial

Mit Humor und Kreativität will er digitalen Content produzieren. Er plant seinen Ausstieg aus der Schule, damit er sich ganz auf seine Karriere konzentrieren kann. Er glaubt an sich, obwohl ihn viele unter-

ihm Mut zu machen. Karl nimmt diesen Rat trotz vieler Selbstzweifel ernst. →

Weil sein Opa ihn im Traum darum bittet, hilft er seiner Oma bei ihrem heimlichen Umzug in ein Mehrgenerationenhaus. Karls Eltern sind gegen diesen Umzug. Die Oma hält jedoch an ihrem Plan fest, damit sie selbstbestimmt leben kann. Mit der Unterstützung seiner Cousins „Master“ und „Desaster“ gelingt es ihm, die Sachen seiner Oma in die Wohngemeinschaft „Haus Fidibus“ zu bringen. Obwohl Karl den Bewohnern des Mehrgenerationenhauses gegenüber anfangs kritisch eingestellt ist, gefällt ihm dieser Ort zunehmend. Karls Eltern, ein Biologieprofessor und eine Neurowissenschaftlerin, versuchen stets, Kontrolle über das Leben ihres Sohnes auszuüben, bis er ihnen durch seine neuen Erfahrungen im Mehrgenerationenhaus völlig entgleitet. Die beiden geraten außerdem in eine Ehekrise. Karl muss sich deswegen plötzlich eine neue Frage stellen: Was passiert mit mir im Falle einer Scheidung meiner Eltern?

Zum Abschluss: alle Satzglieder

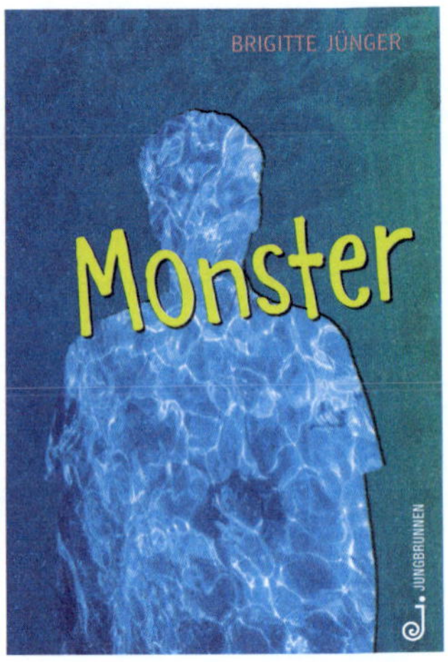

1 Bestimme im Informationstext zum Jugendroman „Monster“ die markierten Satzglieder, indem du die entsprechende Bezeichnung in die Klammer schreibst.

Wortspeicher

Prädikat – Subjekt – Prädikativ – Akkusativobjekt – Dativobjekt – Präpositionalobjekt – Temporaladverbial – Lokaladverbial – Modaladverbial – Kausaladverbial – Konditionaladverbial – Konsekutivadverbial – Konzessivadverbial

In seiner Umgebung (*Lokaladverbial*) ist noch alles (....................................) so wie vorher: der Alltag mit seiner Mutter, die Wege durch die Stadt, die Schule, die Mitschülerinnen und Mitschüler, die Theatergruppe. Doch Felix hat sich wegen einer Grenzüberschreitung seines Schwimmtrainers (....................................) verändert. Felix fühlt sich seither (....................................) schmutzig, wertlos und nicht liebenswert (....................................). Die Erinnerung an den sexuellen Missbrauch verfolgt ihn (....................................) wie ein Monster, das auftaucht, wenn er es am wenigsten erwartet. Es macht ihm (....................................) einen normalen Alltag unmöglich.

Wegen seiner Scham (..) will Felix unbedingt (..) geheim halten, was geschehen ist (..). Von den Menschen in seiner Umgebung (..) zieht er sich zunehmend (..) zurück. Sein Selbstbild ist geprägt von Selbsthass und Schuldgefühlen (..), obwohl er nichts falsch gemacht hat (..). Wenn Freunde ihm nahekommen (..), wird (..) er aggressiv (..). Nur bei seiner Mitschülerin Alva und bei seinen Großeltern (..) fühlt er sich gut aufgehoben. Aber das Monster (..) gibt keine Ruhe (..), bis Felix' Geheimnis ans Licht kommt (..). „Monster" ist ein unbequemer Roman (..): Er gibt der Thematik der sexualisierten Gewalt (..) Raum (..). Er stellt die psychischen Folgen glaubwürdig und ohne effekthascherische Dramatik (..) dar. Besonders prägend sind Felix' lange Gedankenpassagen (..). In ihnen (..) wird der innere Kampf und seine Sprachlosigkeit gegenüber seiner Umwelt sichtbar (..).

Attribute bestimmen

Die Attribute

▸ **Hier findest du Informationen in deinem KombiBuch: S. 90.**

1 Vergleiche die beiden Informationstexte zum Jugendbuch „Last Exit".

a) Markiere in Text A alle Wörter und Wortgruppen, die in Text B fehlen.

b) Lege in deinem Heft eine Tabelle wie die folgende an und trage die Wörter und Wortgruppen ein.

vorangestelltes Attribut	Bezugswort/Bezugswörter	nachgestelltes Attribut
preisgekrönt	Jugendroman „Last Exit"	
	Jugendroman „Last Exit"	von Mirjam Mous
spannender	Thriller	

A Der preisgekrönte Jugendroman „Last Exit" von Mirjam Mous ist ein spannender, vielschichtiger Thriller. In der Romanhandlung werden viele wichtige gesellschaftliche Themen unserer Zeit angesprochen. Dazu gehören beispielsweise die Radikalisierung von Jugendlichen, Rassismus-Erfahrungen von Schülerinnen und Schülern mit Migrationshintergrund, Armut und Arbeitslosigkeit der Eltern.

Die 8c ist unterwegs zur Klassenfahrt in die Ardennen. Unmittelbar nach der Abfahrt erreicht eine anonyme Nachricht die Reisegruppe: Im Bus befindet sich eine Bombe und jeder vermeintliche Sicherungsversuch bringt höchste Gefahr mit sich. Die Polizei wird alarmiert und Verdächtigungen, Spekulationen sowie Gruppendynamik eskalieren. Valentin, ein hochintelligenter Schüler, übernimmt aufgrund seiner überlegten und ruhigen Art eine führende Rolle bei der schrittweisen Lösung der gefährlichen Situation.

B

Der Jugendroman „Last Exit" ist ein Thriller. In der Romanhandlung werden viele Themen angesprochen. Dazu gehören beispielsweise die Radikalisierung, Rassismus-Erfahrungen, Armut und Arbeitslosigkeit.

Die 8c ist unterwegs zur Klassenfahrt. Nach der Abfahrt erreicht eine Nachricht die Reisegruppe: Im Bus befindet sich eine Bombe und jeder Sicherungsversuch bringt Gefahr mit sich. Die Polizei wird alarmiert und Verdächtigungen, Spekulationen sowie Gruppendynamik eskalieren. Valentin übernimmt aufgrund seiner Art eine Rolle bei der Lösung der Situation.

Formen von Attributen

▸ **Hier findest du Informationen in deinem KombiBuch:** S. 91.

1 Bestimme die Form der markierten Attribute.

Beispiel eines Attributs	**Form des Attributs**
dieser Reisebus	Pronomen als Attribut
der Ausflug der Klasse	Genitivattribut
die unerwartete Wendung	
im Bus befinden sich dreißig Personen	
die Situation im Bus eskaliert	
die Spannung dort ist belastend	
die Lehrerin, eine Optimistin, bewahrt Ruhe	
die Hoffnung, gerettet zu werden, begleitet alle	
Valentin, der von vielen gemobbt wird, übernimmt die Führung	
das angespannte Verhältnis	
der Ehemann der Lehrerin	
ihre Ängste	
die Konflikte untereinander werden offensichtlich	
nach zwanzig Minuten	
Walter van Pierre, der Chemielehrer, ist schweigsam	
die Vorstellung zu sterben	
die Schülerin, deren Vater arbeitslos ist, besitzt kein Smartphone	
[illegible]	
die Koffer im Gepäckraum	

Das Adjektivattribut

▸ **Hier findest du Informationen in deinem KombiBuch: S. 92.**

1 Markiere im Informationstext über Christian Linker, den Autor des Jugendromans „Climate Action", alle Adjektivattribute.

Christian Linker ist ein vielseitiger, engagierter Jugendbuchautor. Mit seinen innovativen, politischen Werken spricht er besonders junge Leserinnen und Leser an. Er gestaltet packende, aktuelle Romane. Diese finden in der Kinder- und Jugendbildung große Beachtung. Sein Roman „Climate Action" ist ein interaktives, spannungsreiches Buch. Es überzeugt durch reflektierte, aufrüttelnde Inhalte. Christian Linker arbeitet als freiberuflicher Autor. Zuvor war er als verantwortungsbewusster Bildungsreferent tätig. Sein vielfältiges, praxisnahes Wissen fließt in seine fesselnden, gut recherchierten Geschichten ein. Der Schriftsteller nutzt eine klare, direkte Sprache und vermittelt eindringliche Botschaften. Christian Linker lebt mit seiner Familie in Leverkusen und ist ein engagierter Mensch. Mit seinen einprägsamen, motivierenden Büchern regt er die Jugend zur aktiven Teilnahme am gesellschaftlichen Diskurs an.

2 Trage die Adjektivattribute aus **Aufgabe 1** in die folgende Tabelle ein.

reines Adjektiv	reines Adjektiv	Partizip I
vielseitiger (Z. 1)		packende (Z. 3)
		Partizip II
		engagierter (Z. 1)

Das Pronomen und das Numerale als Attribut

▸ **Hier findest du Informationen in deinem KombiBuch:** S. 92.

1 **a)** Markiere in der Zusammenfassung des Romananfangs von „Climate Action“ alle Pronomen und Numeralien als Attribute.

b) Lege in deinem Heft eine Tabelle wie die folgende an und trage die Pronomen und Numeralien als Attribute ein. Bestimme bei den Pronomen jeweils, um welche Art des Pronomens es sich handelt. Nutze dazu bei Bedarf den Wortspeicher.

Attribut	Numerale	Pronomen	Art des Pronomens	Bezugswort
meisten		x	Indefinitpronomen	Fahrgäste

Personalpronomen – Possessivpronomen – Reflexivpronomen – Demonstrativpronomen – Indefinitpronomen – Relativpronomen – Interrogativpronomen

Dem Erzähler fällt Pauline sofort auf, als sie in die Bahn einsteigt. Die meisten Fahrgäste starren auf ihre Handys. Vier Personen lesen in einem Buch und einige schauen aus dem Fenster. Aber dieses Mädchen tut nichts davon. Sie presst ängstlich ihren Rucksack auf ihren Schoß, als würde das Teil sonst einfach davonfliegen oder explodieren. Ihre Wangen sind gerötet. Die Augen fixieren irgendeinen Punkt im Nichts. Plötzlich wechselt sie die Blickrichtung. Der Erzähler fragt sich: „Schaut sie etwa in meine Richtung? Hat sie etwa gemerkt, dass ich sie angestarrt habe?“ Er streicht mit der Hand nun auch über seine Umhängetasche. Die Bahn füllt sich an dieser Station. Da steigen plötzlich auch fünf Kontrolleure ein. Sofort springt das Mädchen auf und rennt auf die bereits schließenden Türen zu. „Der Grund für ihre Nervosität war also, dass sie ohne Ticket fährt“, überlegt der Erzähler. Doch das Mädchen zeigt den Kontrolleuren ihren Schülerausweis. Bevor sie aussteigt, rempelt sie den Erzähler an. Dieser überlegt sich: „Hat sie mich jetzt etwa bestohlen?“ Doch in seiner Tasche fehlt nichts, im Gegenteil. Der Erzähler findet in der Tasche ein Notizbuch.

Erzähler dieses Buch genauer an. Auf der ersten Seite steht ein Name: Pauline.

Das Genitivattribut

▸ **Hier findest du Informationen in deinem KombiBuch: S. 93.**

1 **a)** Markiere im Text über den weiteren Verlauf der Romanhandlung von „Climate Action" alle Genitivattribute.
b) Unterstreiche das jeweilige Bezugswort.

Der Erzähler kann sich nicht zurückhalten und liest das Notizbuch der Unbekannten. Die Einträge des Mädchens fesseln von Anfang an sein Interesse. Schnell versteht er: Pauline ist Teil einer Gruppe, die sich für Klimaschutz einsetzt. Begonnen hat alles mit einem Arbeitsauftrag ihres Philosophielehrers. Sie sollte zusammen mit ihrem Mitschüler Sadiq ein Referat halten zum Thema „Radikaler Klimaprotest: Ziviler Ungehorsam oder einfach nur kriminell?" Durch die Vorbereitung des Referats entwickelte sich bei Pauline ein verstärktes Interesse für diese Thematik. Gleich im Anschluss an das erfolgreiche Referat ließen Pauline und Sadiq auf dem Lehrerparkplatz die Luft aus den Reifen eines Wagens heraus. Das war der erste Schritt ihrer Entwicklung zur radikalen Klimaaktivistin.

Die Unterscheidung zwischen Genitivattribut und Genitivobjekt

▸ **Hier findest du Informationen in deinem KombiBuch: S. 93.**

1 **a)** Im Text über den weiteren Verlauf der Romanhandlung von „Climate Action" sind sowohl Genitivattribute (GA) als auch Genitivobjekte (GO) markiert. Schreibe jeweils in Klammern, worum es sich handelt.
b) Unterstreiche das jeweilige Bezugswort, auf das sich die Genitivattribute beziehen.

Kurz danach kam eine neue Schülerin an Paulines (GA) Schule: Victoria Barkhausen, auch Vic genannt. Sadiq und Pauline waren ihr gegenüber anfangs sehr skeptisch. Schließlich ist sie das Kind sehr reicher Eltern (.........). Der Wagen der Familie (.........), ein BMW X7, wird von Pauline als Kampfpanzer und Drecksschleuder bezeichnet. Später finden die beiden jedoch etwas Unerwartetes über Vic heraus: Sie schämt sich ihrer Eltern (.........), denn diese besitzen ein Fast-Fashion-Unternehmen. Dies bedarf einer kurzen Erklärung (.........): Pauline und Sadiq wollten gerade die Luft aus den Reifen des BMW (.........) herauslassen, doch sie wurden von Vic erwischt. →

Sie verriet Pauline und Sadiq jedoch nicht. Stattdessen stach sie die Reifen des Wagens (.........) mit ihrer Nagelschere kaputt. Sie ist sich der Klimaschäden, welche die elterliche Firma verursacht, (.........) bewusst und hat deswegen kein gutes Verhältnis zu ihnen. Diese ungeplante, gemeinsame Aktion der drei Jugendlichen (.........) bewirkt einen Wandel ihrer Aktionen (.........) als Klimaaktivisten: Von diesem Moment an akzeptieren sie dabei auch Sachbeschädigung.

Das präpositionale Attribut

▸ **Hier findest du Informationen in deinem KombiBuch:** S. 94.

1 **a)** Markiere im folgenden Text, der eine Schlüsselszene des Romans „Climate Action" beschreibt, alle präpositionalen Attribute.
b) Unterstreiche das jeweilige Bezugswort des präpositionalen Attributs.

Der nächtliche Streifzug durch ein Villenviertel bewirkte bei Pauline erste Zweifel an der Richtigkeit ihrer Aktionen. Sie hatten bereits 30 Autos „entlüftet". Doch der Aufkleber auf dem 31. Wagen irritierte Pauline. Er zeigte eine lustige Strichmännchenfamilie über einer Aufschrift: „Mama, Papa, Mette, Mats, Eumel". Sie sieht in dem Volvo plötzlich keinen „Kampfpanzer" mehr. Es ist stattdessen ein Familienauto mit wahrscheinlich wichtiger Funktion. Der Wagen sollte die Kinder vielleicht am nächsten Tag zu einem Blockflötenkonzert in der

Die Apposition

▸ Hier findest du Informationen in deinem KombiBuch: S. 95.

1 **a)** Markiere in den Sätzen zum Roman „Climate Action“ alle Appositionen.
b) Unterstreiche das jeweilige Bezugswort der Apposition.

Beispiel: CheapTex, das Billigmode-Unternehmen, macht jedes Jahr mehrere Millionen Umsatz.

- Die Umweltaktivistin Victoria Barkhausen stellt sich gegen das Unternehmen ihrer Eltern.
- Die Besitzer des Volvos, eine Familie, brauchen den großen Wagen vielleicht zum Transportieren eines Rollstuhls.
- Die Klimagruppe Tyre Extinguishers distanziert sich von den Aktionen der drei Jugendlichen, weil sie friedlich und ohne Sachbeschädigung auf die Gefahren des Klimawandels hinweisen wollen.
- Die Besitzerin des Notizbuchs, Pauline Hagenbusch, will das Buch schnellstmöglich loswerden, weil sie darin alle Aktionen dokumentiert hat.

Das adverbiale Attribut und das Infinitivattribut

▸ Hier findest du Informationen in deinem KombiBuch: S. 96–97.

1 **a)** Markiere im Text über den weiteren Verlauf des Romans „Climate Action“ alle adverbialen Attribute und Infinitivattribute mit zwei unterschiedlichen Farben.
b) Unterstreiche das jeweilige Bezugswort.

Der Erzähler erfährt beim Lesen des Notizbuchs, dass die Aktionen der drei Klimaaktivisten immer radikaler wurden. Sie richten sich ab einem bestimmten Moment aber fast nur noch gegen die Textilindustrie, im Besonderen gegen das Unternehmen von Vics Eltern. Paulines Sorge darüber wird in ihren Notizen sichtbar. Die Angst davor, erwischt zu werden, weil die Aktionen auch etwas über die Urheber verraten, wurde bei ihr immer größer. Die Gruppe untereinander verstand sich nicht mehr gut genug und das notwendige gegenseitige Vertrauen, um die riskanten, illegalen Aktionen durchzuführen, fing an zu bröckeln. Paulines Bereitschaft, Vic bei ihrem heimlichen Feldzug gegen ihre Eltern zu unterstützen, schwand zunehmend. Vics Enttäuschung darüber verwandelte sich schnell in eine sture Wut und den Entschluss, auch ohne Sadiq und Pauline weiterzumachen.

Nebensätze als Attribute: die Attributsätze

▸ **Hier findest du Informationen in deinem KombiBuch: S. 98.**

1 Im Text über das Ende des Romans „Climate Action“ sind Nebensätze als Attribute, aber auch Satzglieder in Form von Nebensätzen (Gliedsätzen) markiert. Schreibe in die Klammern hinter der Markierung, ob es sich um ein Attribut oder einen Gliedsatz handelt.

Der Schluss des Romans „Climate Action“ ist sehr besonders, weil das Buch mehrere Alternativen bietet (*Gliedsatz*). Die Leserinnen und Leser müssen sich an konkreten Textstellen, an denen eine entscheidende Wendung der Handlung stattfindet (……………………), entscheiden, welche Version ihnen am glaubwürdigsten erscheint (……………………). Hier ein Beispiel: „Und jetzt? Entscheide dich schnell! Flüchtest du zurück zur Straße (▶ Seite 270) oder rennst du Richtung Bahndamm los, um dort im Gestrüpp unterzutauchen (……………………) (▶ Seite 177)?“ Auffällig ist auch, dass der Erzähler plötzlich Teil der Handlung um die Klimaaktivisten ist (……………………). Eine weitere Besonderheit besteht darin, dass der Erzähler die Handlung hier in der Du-Form schildert (……………………). So sind die Leserinnen und Leser, welche die Handlung um die drei Klimaaktivisten bisher gemeinsam mit dem Erzähler durch die Lektüre des Notizbuches verfolgt haben (……………………), plötzlich Teil des spannenden Geschehens. Dadurch gelingt es dem Autor Christian Linker, die Leserinnen und Leser viel direkter und persönlicher für die Themen des Romans zu sensibilisieren. Die Frage, wie man selbst in einer solchen Situation handeln würde

Romans zu erfahren (……………………).

Die Satzanalyse: Satzglieder und Attribute

▸ **Hier findest du Informationen in deinem KombiBuch: S. 101.**

1 **a)** Im Text über den Jugendroman „Cleanland“ von Martin Schäuble sind einzelne Satzglieder markiert. Bestimme diese in der Tabelle auf der Folgeseite.
b) Markiere alle Attribute in diesen Satzgliedern und bestimme auch diese.

Der Roman „Cleanland“ von Martin Schäuble spielt in einem streng kontrollierten Zukunftsstaat nach einer großen Pandemie. Cleanland ist ein Land der absoluten Reinheit. Um diese Reinheit zu garantieren, werden ständig alle überwacht. Es herrschen außerdem strenge Hygieneregeln. Der Alltag der Menschen wird in allen Bereichen kontrolliert. Die Menschen tragen Ganzkörperanzüge, die „Protectoren“, und technische Geräte, die ihre Gesundheit und ihre Kontakte überwachen. Direkte Begegnungen sind stark eingeschränkt. Berührungen gelten als gefährlich, alles wird ständig desinfiziert. Alte und kranke Menschen leben abgeschirmt in Saferooms. Kinder lernen per Homelearning und sogar Tanzen oder Zugfahren ist streng geregelt. Die 15-jährige Schilo lebt mit ihrer Mutter, die im Ministerium für Reinheit arbeitet, und ihrer Großmutter in Cleanland. Die Ich-Erzählerin ist zunächst überzeugt vom System, weil sie nur diese geordnete, scheinbar sichere Welt kennt.

Schilos Blick auf Cleanland verändert sich, als ein Riss in ihrem Schutzanzug sie in Quarantäne zwingt. Sie spürt dadurch die Härte der Regeln plötzlich viel deutlicher. Nachts begegnet sie dem Cleaner Toko, der ihre Wohnung desinfiziert. Er erzählt ihr heimlich von der Welt außerhalb Cleanlands. Schilo findet im Laufe der Handlung heraus, dass ihr totgeglaubter Großvater in den sogenannten Sicklands außerhalb des Systems lebt. Durch ihre Freundin Samira erfährt sie, dass Regimegegner in Umerziehungslager kommen. Gemeinsam mit Toko plant sie, sich gegen die Gesundheitsdiktatur zu wehren. Sie will Cleanland aus einem nachvollziehbaren Grund verlassen: Ihre Freiheit ist ihr am Ende des Romans wichtiger als totale Sicherheit.

Satzglied	Bestimmung des Satzglieds	enthaltene Attribute
Der Roman „Cleanland“ von Martin Schäuble	Subjekt	– Cleanland: Apposition – von Martin Schäuble: präpositionales Attribut
ein Land der absoluten Reinheit		
Der Alltag der Menschen		
in allen Bereichen		
Ganzkörperanzüge, die „Protectoren“, und technische Geräte, die ihre Gesundheit und ihre Kontakte überwachen		
Direkte Begegnungen		
stark eingeschränkt		
abgeschirmt in Saferooms		
mit ihrer Mutter, die im Ministerium für Reinheit arbeitet, und ihrer Großmutter		
Schilos Blick auf Cleanland		
die Härte der Regeln		
viel deutlicher		
von der Welt außerhalb Cleanlands		
im Laufe der Handlung		

→

Durch ihre Freundin Samira		
Gemeinsam mit Toko		
aus einem nachvollziehbaren Grund		
Ihre Freiheit		
am Ende des Romans		

Attribute zu Attributen

▸ **Hier findest du Informationen in deinem KombiBuch:** S. 103.

1 In den Sätzen aus dem Roman „Cleanland“ sind Satzglieder markiert, in denen Attribute vorkommen.

a) Schreibe die markierten Satzglieder in dein Heft und bestimme sie.
b) Markiere die Attribute innerhalb dieser Satzglieder und bestimme sie.
c) Untersuche, ob es innerhalb der Attribute noch weitere Attribute zweiten oder sogar dritten Grades gibt, und bestimme auch diese.

- Der Protector strahlt im UV-Licht und das sieht richtig gut aus.
- In einer Glaskuppel über uns sehe ich DJ Space-Jane.
- Neben mir tanzt Samira: Sie ist meine offiziell registrierte Kontaktperson bei „Social Health“.
- Wir ziehen die Schutzfolien von den Flaschen mit dem gelben Maracujasaft ab.
- Kurz darauf leuchten die Controller von uns beiden.
- Mein Protector ist am Knie mindestens einen halben Zentimeter aufgerissen.
- Ich habe es jedenfalls erst jetzt bemerkt. Zwei Minuten später steht ein Cleaner vor mir.
- Er ist bestimmt zwanzig Jahre älter als ich. Nick zieht einen Koffer mit einem roten Kreuz von der Halterung an der Wand.
- Er packt einen Scanner aus und checkt die Stelle an meinem Knie.
- Bei uns blinken eine Sekunde später die Anzüge rot, vom Kopf bis dorthin, wo der Protector in den Schuhen verschwindet. Auch die vom Ganzkörperanzug geschützten Finger leuchten.
- Ich will so schnell wie möglich diesen kaputten Protector loswerden und mich zu Hause noch einmal gründlich durchchecken lassen.

Haupt- und Nebensätze

Satzreihen und Satzgefüge

▸ **Hier findest du Informationen in deinem KombiBuch: S. 128.**

1 **a)** Bestimme im Informationstext zum Autor Manfred Theisen die Haupt- und Nebensätze: Unterstreiche die Hauptsätze blau, die Nebensätze grün.
b) Umkreise alle konjugierten Verbformen und kontrolliere ihre Satzgliedstelle.
c) Bestimme, ob es sich um einfache Hauptsätze (S), Satzreihen (SR) oder Satzgefüge (SG) handelt. Schreibe die Abkürzungen in die Klammern hinter die Sätze.

Manfred Theisen wurde 1962 in Köln geboren. (S) Er ist Politologe und gelernter Medienredakteur. (..........) Seit dem Jahr 2000 arbeitet er als freier Autor, nachdem er zuvor eine Kölner Zeitungsredaktion geleitet hat. (..........) Er lebt mit seiner Familie in Köln, wo er auch Lesungen hält und Workshops durchführt. (..........) Weil er sich für gesellschaftliche Entwicklungen interessiert, schreibt er vor allem über politische und mediale Themen. (..........) Seine Jugendromane behandeln aktuelle Fragen, die junge Menschen direkt betreffen. (..........) Sie handeln von Demokratie, digitalen Medien, künstlicher Intelligenz und Cybermobbing. (..........) Weil Jugendliche sich heutzutage in einer komplexen Welt zurechtfinden müssen, bietet Theisen ihnen Orientierung. (..........) Er zeigt, wie Manipulation funktioniert, indem er reale Szenarien literarisch verarbeitet. (..........) Seine Figuren sind oft in Konflikte verwickelt und sie können diese nur durch kritisches Denken lösen. (..........) Er verwendet eine Sprache, die Jugendliche anspricht. (..........) Obwohl seine Themen anspruchsvoll sind, bleibt sein Stil zugänglich. (..........) Er will aufklären, jedoch möchte er nicht belehren. (..........) Bücher von ihm wie „Rot oder Blau – Du hast die Wahl“, „Der Chip“ oder „Escape – Der Schlüssel sind wir“ zeigen, wie wichtig es ist, eigene Überzeugungen zu hinterfragen. (..........)

Die Formen von Nebensätzen

▸ Hier findest du Informationen in deinem KombiBuch: S. 129.

1 **a)** Unterstreiche in den Sätzen über den Roman „Escape – Der Schlüssel sind wir“ alle Nebensätze grün.
b) Notiere, ob es sich um einen Relativsatz, einen Konjunktionalsatz, einen Infinitivsatz oder einen Partizipialsatz handelt.
c) Umkreise jeweils das Wort (Relativpronomen, Konjunktion, Infinitiv oder Partizip), an dem du erkennen kannst, um welche Form von Nebensatz es sich handelt.

Beispiel: Der Jugendroman „Escape – Der Schlüssel sind wir“, der im Jahr 2025 erschienen ist, behandelt ein spannendes Demokratie-Experiment, das im Rahmen einer Politik-Projektwoche stattfindet. Relativsatz, Relativsatz

- Sechs Schülerinnen und Schüler der achten Klasse, die unterschiedlicher kaum sein könnten, werden in einen Escape Room geschickt, um gemeinsam Rätsel zu lösen, die sich mit den Grundwerten der Demokratie beschäftigen.

  ....

- Obwohl sie nur fünf Stunden Zeit haben, geht es nicht nur darum, das Spiel zu gewinnen.

  ....

- Vielmehr werden die Jugendlichen selbst Teil eines sozialen Experiments, bei dem ihre Überzeugungen, ihr Zusammenhalt und ihre Toleranz auf die Probe gestellt werden.

  ....

- Um erfolgreich zu sein, müssen sie lernen, ihre Vorurteile zu überwinden und miteinander zu kooperieren, statt sich gegenseitig zu bekämpfen.

  ....

- Die Situation spitzt sich zu, als private Konflikte und Misstrauen die Gruppe zu spalten drohen.

  ....

- Während sie versuchen, die Rätsel zu lösen, werden sie außerdem manipuliert, mit Fake News konfrontiert und gegeneinander ausgespielt.

  ....

- Es ist ein Szenario, das erschreckend realistisch wirkt. ....

- Beeinflusst von ihren eigenen Erfahrungen sowie ihrem kulturellen und sozialem Hintergrund, reagieren die Jugendlichen sehr unterschiedlich auf die Herausforderungen, die ihnen gestellt werden.

  ....

- „Escape“ ist ein Buch, das nicht nur zum Nachdenken anregt, sondern auch zeigt, dass Zusammenhalt, Respekt und Offenheit in einer Gesellschaft wichtig sind.

  ....

Die Funktionen von Nebensätzen

▸ **Hier findest du Informationen in deinem KombiBuch:** S. 131.

1 **a)** Im Informationstext über den Roman „Rot oder Blau“ sind Subjekt- (S), Objekt- (O), und Adverbialsätze (ADV) markiert. Bestimme, um welchen Gliedsatz es sich jeweils handelt, und schreibe die Abkürzung in die Klammer.
b) Unterstreiche alle Attributsätze.
c) Umkreise jeweils das Bezugswort, auf das sich der Attributsatz bezieht.

Tipp: Es gibt Nebensätze, die nicht von einem Hauptsatz abhängen, sondern von einem anderen Nebensatz.

Dass Demokratie nicht nur ein Thema für Erwachsene ist, (O) zeigt Manfred Theisen in seinem Roman „Rot oder Blau – Du hast die Wahl“, der sich mit politischen Prozessen im Schulalltag beschäftigt. Zwei neunte Klassen fahren auf Klassenfahrt zur Festung Ehrenbreitstein. Wo ein ungewöhnliches Demokratieprojekt durchgeführt werden kann, (.........) will die engagierte Lehrerin Frau Klein ihre Klassen unbedingt teilhaben lassen. Was die Schülerinnen und Schüler zunächst für ein harmloses Rollenspiel halten, (.........) entwickelt sich schnell zu einem Experiment, das außer Kontrolle zu geraten droht. Dass sie zwei Parteien gründen sollen – eine rote und eine blaue –, (.........) ist nur der Anfang eines Spiels, in dem Macht, Manipulation und Gruppendruck eine immer größere Rolle spielen. Wer glaubt, (.........) dass Jugendliche sich nicht für Politik interessieren, wird in diesem Roman eines Besseren belehrt. Wenn Schülerinnen und Schüler plötzlich Verantwortung übernehmen müssen, (.........) verändern sich ihre Beziehungen zueinander. Das zeigt sich zum Beispiel an Max, der als Influencer eine große Online-Reichweite hat. Er nutzt seine Beliebtheit, um sich als Kandidat der roten Partei durchzusetzen – notfalls auch mit unfairen Mitteln (.........). Sein Freund Jakob spürt, dass Max manipulativ handelt (.........). Es fällt ihm aber schwer, sich offen gegen ihn zu stellen (.........). Dass er oft schweigt, (.........) liegt daran, dass er dazugehören will, auch wenn er innerlich zweifelt. (.........) Ob man mitlaufen oder widersprechen soll, (.........) wird zu einer zentralen Frage des Romans. Während das Projekt weiterläuft, (.........) spitzen sich die Konflikte [illegible] Die Romanhandlung zeigt, wie leicht sich Menschen in einer Gruppe beeinflussen lassen (.........). Die Leserinnen und Leser erkennen außerdem, wie schwer es ist, für eigene Werte einzustehen, wenn man Angst hat, ausgeschlossen →

zu werden (..........). Der Roman, dessen Handlung auf wahren pädagogischen Konzepten basiert, macht deutlich, wie wichtig politische Bildung in der Schule ist (..........). Dass Schülerinnen und Schüler lernen, kritisch zu denken und Verantwortung zu übernehmen, (..........) ist die wichtigste Botschaft des Romans.

Die Funktionen von Adverbialsätzen

▸ **Hier findest du Informationen in deinem KombiBuch:** S. 134–135.

1 **a)** Unterstreiche in den folgenden Sätzen aus dem Roman „Rot oder Blau“ alle Adverbialsätze grün.
b) Bestimme, um welche Art des Adverbialsatzes es sich handelt. Benutze dafür die nebenstehenden Abkürzungen.

TEMP	= Temporalsatz
LOK	= Lokalsatz
MOD	= Modalsatz
KAUS	= Kausalsatz
FIN	= Finalsatz
KONS	= Konsekutivsatz
KONZ	= Konzessivsatz
ADVER	= Adversativsatz
KOMP	= Komparativsatz
KOND	= Konditionalsatz

Beispiel: Während er bereits in den letzten Jahren seines Lehrerdaseins angelangt war, hatte sie gerade ihren siebenundzwanzigsten Geburtstag gefeiert. ADV

- Jakob schüttelte den Kopf, obwohl es ihn in Wirklichkeit interessierte. ....
- Wenn es Streit in der Klasse gab, war Franzi die Vermittlerin – sie war so etwas wie der Martin Luther King der 9b, nur halt weiblich und hellhäutig. ....
- Wenn es nach ihm ginge, würden alle auf der Welt in Ruhe und Harmonie leben. ....
- Die Stelle hieß „Deutsches Eck“, weil die beiden deutschen Flüsse Mosel und Rhein genau dort unten zusammenflossen. ....
- Er würde die Gruppe von hinten absichern, damit keiner Dummheiten machte. ....
- Nachdem Tuna, Sahra, Franzi und Madalina die Flasche untereinander weitergereicht hatten, lutschte Atef daran herum. ....
- Aber meist wurde Findus ohnehin nur „Google“ genannt, weil er so viel wusste. ....
- Frau Klein hatte zwischenzeitlich zwischen all den Mauern und Torbögen die Orientierung verloren, bis sie schließlich zufällig vor der Jugendherberge landete. ....
- Als die Schüler wegen der Aktion „Fridays for Future“ auf die Straße gegangen waren, hatte er sich nur aufgeregt und ständig von Schulschwänzen geredet, während sie mit einigen der Schüler im Unterricht sogar die Protestplakate geschrieben hatte. 1. .... 2. ....
- Jedenfalls schickte er seiner Mutter nun mit letzter Akkukraft eine Whats-App, weil er es ihr versprochen hatte. ....
- Max setzte noch eins drauf, indem er überschwänglich auf sein Kissen schlug. .... →

- Chiara beschirmte ihre Augen, um Atef besser gegen die Sonne sehen zu können. ....
- Du musst gar nicht mehr rausgehen, um ein Schwätzchen an der Ecke zu halten. ....
- Jakob kaute weiter und überlegte ernsthaft, zu wem er aufs Zimmer gehen würde, falls er wirklich woanders schlafen wollte. ....
- Als vor sechs Wochen Viktorias Oma gestorben war, an der sie extrem gehangen hatte, hatte Max wie immer nur etwas im Sinn gehabt: seinen Channel. ....
- Keiner würde mehr zufällig in eine politische Sendung hineinzappen, weil alle nur noch streamten. ....
- Bevor wir jedoch damit beginnen, möchte ich noch eines klarstellen: Nichts von dem, was hier geschieht, hat Einfluss auf eure Schulnoten. ....
- Je näher sie dem Mann kamen, desto unangenehmer und stechender roch es. ....
- Frau Klein und Herr Brandtstedt traten nun demonstrativ von den Tischen zur Seite, damit sich jeder für eine Farbe entscheiden konnte. ....
- Oder soll ich deine Mutter anrufen, damit sie dich abholen kommt? ....
- Überraschend riss nun Chiara Jakob die Bänder weg. Doch der schlug ihr gegen die Hand, sodass sie zu Boden fielen. ....
- Ehe Franzi den Satz beenden konnte, hatte schon Atef seine Finger im Spiel und die Bänder in der Hand. ....
- Je mehr nun der Lehrer auf der Wahrheit, also auf den Fakten beharrt, desto mehr wird er ausgelacht. ....

2 Ein Adverbialsatztyp kam in **Aufgabe 1** nicht vor. Benenne ihn und formuliere dazu einen eigenen Beispielsatz.

....

....

Zum Abschluss: Umwandlung von Gliedsätzen und Satzgliedern

▸ **Hier findest du Informationen in deinem KombiBuch:** S. 64, 66, 131.

1 Wandle die Objekt- und Subjektsätze in ein einfaches Objekt oder Subjekt um.
a) Bestimme zunächst den fett gedruckten Gliedsatz. Entscheide anschließend bei einem Objektsatz, welches Objekt du wählen musst.
b) Notiere deinen Satz im Heft. Nimm dabei die notwendigen Veränderungen vor.

Beispiel: Der Anwalt bedauert, **dass er sich verspätet hat.**
Der Anwalt bedauert WEN oder WAS?
Bestimmung: Objektsatz ▸ Akkusativobjekt
▸ Der Anwalt bedauert seine Verspätung.

- Die Polizei hat gestern bekanntgegeben, **dass sie zwei Verbrecher festgenommen hat.**
- **Dass sie erfolgreich waren,** haben die Polizisten einem aufmerksamen Zeugen zu verdanken.
- Der Mann hatte bemerkt, **dass sich zwei Männer vor einer Bank auffällig verhielten.**
- Er erinnerte sich daran, **dass er ein Fahndungsfoto von ihnen gesehen hatte.**
- **Dass er den Polizeinotruf 113 anrief,** war für den Mann selbstverständlich.
- Die Polizei betont in ihrer Pressemitteilung, **dass der Zeuge sich vorbildlich verhalten hat.**
- Durch sein umsichtiges Handeln konnte verhindert werden, **dass die Bank überfallen wurde.**

2 Wandle die Satzglieder in Adverbialsätze um.
a) Bestimme jeweils das fett gedruckte Adverbial.
b) Wähle eine passende Konjunktion und formuliere das einfache Adverbial zu einem Adverbialsatz um. Teilweise musst du auch Veränderungen am Hauptsatz vornehmen. Notiere die Sätze in dein Heft.

Beispiel: Durch regelmäßiges Training verbessert sich die Ausdauer des Fußballers.
Bestimmung: Modaladverbial/Instrumentaladverbial
▸ Indem der Fußballer regelmäßig trainiert, verbessert sich seine Ausdauer.

- **Wegen der Kritik in den Medien** ist die Mannschaft verunsichert.
- **Zur Steigerung ihrer Leistung** bereitet der Trainer die Spieler auf Mallorca vor.
- **Aufgrund der abgeschiedenen Lage des Hotels** wird das Trainingslager nicht gestört.
- **Vor Beginn des Champions-League-Spiels** stellt sich der Trainer den Fragen der Journalistinnen und Journalisten.
- **Mit etwas mehr Einsatz als zuletzt** wird die Mannschaft heute ausgezeichnet spielen.
- **Im Falle eines Sieges** steht die Mannschaft im Viertelfinale.
- **Wegen der hohen Erwartung der Vereinsleitung und der Fans** ist den Spielern etwas mulmig zumute.

- **Nach dem Anpfiff** feuern die Fans ihre Elf an.
- **Aufgrund eines nicht gegebenen Freistoßes** beschimpft der Trainer den Schiedsrichter.
- **Wegen Schiedsrichterbeleidigung** wird der Trainer auf die Zuschauerränge verbannt.
- **Zu Beginn der zweiten Halbzeit** wird der Stürmer der Gastmannschaft ausgewechselt.
- **Durch seinen aufopferungsvollen Einsatz** kann der Torwart mehr als einmal einen Rückstand seiner Mannschaft verhindern.
- **Trotz eines verschossenen Elfmeters** gewinnt die Heimmannschaft das Spiel.
- **Wegen der lautstarken Fangesänge** geht der Schlusspfiff beinahe unter.
- **Nach dem Ende des Spiels** reist die gegnerische Mannschaft sofort ab.
- **Während eines Interviews** lobt der Vereinspräsident Spieler und Trainer.
- **Schon vor Ende der Saison** steht die Mannschaft als Sieger fest.
- **Beim Einzug ins Finale der Champions League** dürfen sich die Spieler und der Trainer über eine Prämie freuen.

3 Wandle die Gliedsätze in einfache Satzglieder um.
a) Bestimme die Art des fett gedruckten Gliedsatzes.
b) Suche nach einer passenden Präposition für das Satzglied. Notiere deinen Satz im Heft.

Beispiel: Da sie ausdauernd trainiert, verwandelt die Torjägerin die meisten Elfmeter.
Bestimmung: Kausalsatz
▸ Wegen / Aufgrund ihres ausdauernden Trainings verwandelt die Torjägerin die meisten Elfmeter.

- **Wo das Spiel ausgetragen wird,** herrscht ein großes Polizeiaufgebot.
- **Wenn die Mannschaft vollen Einsatz zeigt,** kann sie das Spiel gewinnen.
- Die Abwehrspielerin foult die gegnerische Stürmerin, **damit diese kein Tor schießt.**
- Die Torjägerin bewegt sich auf den Elfmeterraum zu, **ohne dass der Gegner sie angreift.**
- **Nachdem sie das Spiel gewonnen haben,** kehren die Spielerinnen in ihre Kabinen zurück.
- Die Spielerinnen ärgern sich, **obwohl sie einen Sieg errungen haben.**
- **Als sie vor der Presse auftritt,** bedauert die Trainerin die mangelnde Torausbeute ihrer Mannschaft.
- **Auch wenn die Kapitänin gesperrt ist,** will man die gegnerische Mannschaft am kommenden Samstag in Schach halten.

Der Konjunktiv und seine Funktionen

Bedingungssätze bestimmen und bilden

▸ **Hier findest du Informationen in deinem KombiBuch:** S. 25–26.

1 Entscheide, ob es sich bei den Bedingungssätzen im Text um einen Irrealis, einen Potentialis oder einen Realis handelt. Unterstreiche mit drei verschiedenen Farben.

Kurt Tucholskys Familie

Kurt Tucholsky als circa dreijähriges Kind

Kurt Tucholskys Kindheit, die er vor allem in Berlin verbrachte, war von Veränderungen geprägt: Wenn sein Vater nicht Bankdirektor in Stettin geworden wäre, hätte Kurt Tucholsky auch seine Grundschuljahre in Berlin verbringen können.
Er hatte zwei jüngere Geschwister, Fritz und Ella-Ida. „Wenn ich nicht so lange arbeiten müsste, könnte ich mehr Zeit mit meinen Kindern verbringen“, dachte der viel beschäftigte Vater wohl oft. Dennoch liebten und verehrten die drei Kinder ihren Vater sehr. Sie fürchteten, dass ihr kranker Vater bald sterben könnte, wenn er sich nicht schonen würde. 1905 starb er. Nun repräsentierte seine Frau, Doris, die Familie. Menschen, die Kurt Tucholskys Mutter kennenlernten, meinten: „Frau Tucholsky ist gebildet und humorvoll. Wenn sie anwesend ist, erleben wir einen interessanten Abend.“ Die Kinder nahmen ihre Mutter anders wahr und klagten: „Wenn unsere Mutter doch liebevoller wäre, kämen wir leichter über den Verlust unseres Vaters hinweg.“
Doris Tucholsky starb am 7. Mai 1943 im Alter von 81 Jahren. Wenn die Nationalsozialisten sie nicht in das Ghetto Theresienstadt deportiert hätten, hätte sie womöglich das Kriegsende 1945 noch miterlebt.

2 Formuliere Satzgefüge mit Irrealis oder Potentialis. Notiere in Klammern, um welche Art von Bedingungssatz es sich handelt.

Beispiel: Kurt Tucholsky / in ärmlichen Verhältnissen aufwachsen // keinen Privatlehrer haben

Wenn Kurt Tucholsky in ärmlichen Verhältnissen aufgewachsen wäre, hätte er keinen Privatlehrer gehabt. (▸ Irrealis)

- Kurt Tucholsky / ein angepasster Schüler sein // Freunde haben

....

....

- der Schriftsteller / sehr ehrgeizig in der Schule sein // den Unterricht interessant finden

  ....

  ....

- Kurt Tucholsky / seine Hauptfeinde in Deutschland nicht stets aufs Korn nehmen // nicht als einer der am besten bezahlten Journalisten der Weimarer Republik gelten

  ....

  ....

  ....

- Satiren / unbeliebt sein // man / die Missstände in der Gesellschaft oft nicht sehen

  ....

  ....

- Menschen / Kritik vertragen // sie / ihre Fehler einsehen

  ....

  ....

- Satiriker / ihre Kunst aufgeben // die Menschen / weniger infrage stellen

  ....

  ....

  ....

Kurt Tucholsky als circa vierzehnjähriger Gymnasiast

- Leserinnen und Leser / selbstkritisch nachdenken // sie / eigene Fehler erkennen

  ....

  ....

- Menschen / persönliche Veränderungen beschließen // eine bessere Gesellschaft geben

  ....

3 Formuliere Fragen mithilfe des Potentialis und der vorgegebenen Begriffe. (▸ Text „Was darf Satire?“ von Kurt Tucholsky: KB, S. 16)

Beispiel: das Fehlverhalten der Menschen / zum Vorschein kommen // Politiker / Satiren verbieten

Käme das Fehlverhalten der Menschen zum Vorschein, wenn Politiker Satiren verböten?

- man / die Wahrheit / nicht aussprechen // diese / weh tun

....

....

- Sturheit / die Oberhand gewinnen // die Leserinnen und Leser / sich beleidigt fühlen

....

....

- ein Gespräch / entstehen // ein Missstand / sichtbar werden

....

....

- das Laster / hervorstechen // der Betroffene / die Folgen der Trunksucht kennen

....

....

- nichts Negatives / geschehen // jemand / einen Witz reißen

....

....

- ihr Teint / als „rein“ gelten // die Leserinnen und Leser / „gesundes Blut“ / haben

....

....

Die indirekte Rede richtig anwenden

Direkte Rede umformulieren

▸ **Hier findest du Informationen in deinem KombiBuch:** S. 28, 30–31, 269.

1 Formuliere die direkte in die indirekte Rede um. Schreibe keine dass-Sätze.

Beispiel: Der Autor behauptete: „Die Satire zeigt, wie absurd Bürokratie ist."

Der Autor behauptete, die Satire zeige, wie absurd Bürokratie sei.

Modalverben in der indirekten Rede verwenden Tipp

Aufforderungen werden in der indirekten Rede mit dem Modalverb **„sollen" im Konjunktiv I bzw. im Konjunktiv II** ausgedrückt. Das **Ausrufezeichen** fällt weg. Die Modalverben **sollen und wollen** erhalten im Konjunktiv II **keinen Umlaut.**

- Der Kritiker fragte: „Wie kann Satire noch scharf sein, wenn sie so zynisch wirkt?"

....

....

- Die Herausgeberin befahl: „Macht weiter, aber übertreibt nicht."

....

....

- Der Schüler fragte: „Soll Satire nur unterhalten oder auch aufklären?

....

....

- Die Komikerin erwiderte: „Satire dient beidem – sie entlarvt Missstände und regt zum Denken an."

....

....

- Der Autor ergänzte: „Satire darf auch heikle Themen ansprechen."

.... →

- Der Regisseur unterbrach: „Lasst die Pointe am Ende stehen, damit sie wirkt!“

- Die Lehrerin warf ein: „Vielleicht lacht ihr, vielleicht geht ihr aber auch weg.“

- Der Lehrende erwog: „Satire braucht gutes Timing.“

- Der Zuhörer fragte: „Wird diese Satire heute verstanden?“

- Die Verleger forderten: „Schickt uns die Manuskripte, wir prüfen sie!“

- Die Satirikerin beharrte: „Satire ist Kunst und spiegelt die Wirklichkeit.“

- Die Lehrerin ergänzte: „Man muss zwischen Übertreibung und Wahrheit unterscheiden.“

- Der Historiker gibt zu bedenken: „Satiriker gefährdeten im Dritten Reich ihr Leben, wenn sie scharfe Kritik am Nationalsozialismus übten.“

- Der Künstler wünschte: „Die Satire soll als Spiegel der Gesellschaft anerkannt werden.“

....

....

- Die Philosophin befürchtete: „Oft hat Satire zu Chaos statt zu Erkenntnis geführt, wenn man sie missverstanden hat.“

....

....

2 Einige Schülerinnen und Schüler diskutieren über Satiren und Karikaturen im Unterricht.
Forme in die indirekte Rede um und verwende abwechslungsreiche Redeeinleitungen (Verben des Wortfeldes „sagen“).

Paula: Am besten wäre doch, wenn man ein Projekt zu „Satire und Karikatur“ im Unterricht organisieren würde. Dann können alle lernen, wie Satire wirkt und wie Karikaturen politische Meinungen spiegeln. Nach so einer Unterrichtseinheit versteht man vielleicht besser, warum Satire wichtig ist.

Emir: Die Satire- und Karikaturanalyse kommt im Schulunterricht oft zu kurz. Alle 45 Minuten beginnt ein neues Fach. So bleibt wenig Zeit, sich während des Unterrichts intensiv mit einer Karikatur oder einem satirischen Text auseinanderzusetzen.

Lea: Das stimmt. Der Stundenplan müsste auch manchmal angepasst werden, damit mehr Raum für Analyse von Karikaturen bleibt. Ich finde es anstrengend, dass man sich plötzlich für politische und gesellschaftliche Satire interessieren soll, bloß weil gerade Geschichte oder Deutsch auf dem Stundenplan steht.

Fabio: In manchen Schulen schlagen die Schülerinnen und Schüler selbst Themen vor, die sie wirklich interessieren, zum Beispiel bestimmte Karikaturen oder satirische Artikel zu aktuellen Ereignissen.

Carmen: Manche Lehrerinnen und Lehrer tragen aber auch Verantwortung, weil sie den [illegible] und Intention vermitteln. Sie nehmen nur den Stoff durch, statt mit uns zu diskutieren, sodass wir nicht erklären können, welche Wirkung eine Karikatur erzielt und wie Satire gesellschaftliche Debatten beeinflusst.

Sprachgebrauch und Sprache: Rechtschreibung und Zeichensetzung

WIEDERHOLUNG

Zusammen- und Getrenntschreibung

Zusammen- und Getrenntschreibung von Nomen und Verb

▸ **Hier findest du Informationen:**

1 Formuliere drei kurze Sätze, in denen du die folgenden Wortgruppen einmal getrennt und einmal zusammenschreiben musst.

Verbindung		**Beispiel**
1.	Fehler machen	
	Fehlermachen	
2.	Hilfe leisten	
	Hilfeleisten	
3.	Blumen pflücken	
	Blumenpflücken	

2 Verbinde folgende Nomen und Verben zu sinnvollen Wortgruppen. Bilde anschließend Sätze damit.

Wortspeicher	Wortspeicher
Notizen – Ordnung – Rat – Diskussion – Korrektur – ~~Fazit~~	~~ziehen~~ – geben – halten – führen – lesen – machen

ein Fazit ziehen: Am Ende der Diskussion ziehen wir ein Fazit.

3 Markiere die richtige Schreibweise der hervorgehobenen Verb-Verbindungen.

Globale Klimaziele unter Druck

Viele aufstrebende Industrienationen wie China oder Indien möchten am Wohlstand **teilhaben/Teil haben** und investieren massiv in neue Technologien: China baut Solarfabriken, Windparks und ist führend bei der Produktion von Elektroautos und Batterien.
Da verwundert es nicht, dass der weltweite Energiebedarf immer weiter steigt. Viele Länder wollen **Schritt halten/schritthalten** mit Digitalisierung, Automatisierung und moderner Infrastruktur. Gleichzeitig möchten sie wirtschaftliche Vorteile nicht einfach **preisgeben/Preis geben**, etwa Arbeitsplätze und Exportchancen in Zukunftsbranchen.
In besonders vom Klimawandel betroffenen Regionen leiden jedoch viele Menschen **Not/not**. Forschende warnen, dass wir **Gefahr laufen/gefahrlaufen**, wichtige Klimaziele zu verfehlen. Vor allem politisch wird man sich **schwertun/schwer tun**, langfristige Maßnahmen gegen den Klimawandel konsequent umzusetzen, weil Interessen oft gegeneinanderstehen.
Man muss kein Zukunftsforscher sein, um **voraussehen/voraus sehen** zu können, welche Folgen ein weiteres Zögern hätte. Besonders wohlhabende Industrienationen müssten **kürzertreten/kürzer treten**, um ihren Ressourcenverbrauch zu senken. Staaten mit großen Natur- und Waldgebieten sollten lernen, deren Wert stärker zu **schätzen lernen/schätzenlernen** , denn Wälder speichern CO_2 und schützen das Klima.
Durch Abholzung, Landwirtschaft und Industrie werden weiterhin enorme Mengen CO_2 **freigesetzt/frei gesetzt**. Nachhaltige Klimapolitik muss deshalb **einhergehen/einher gehen** mit wirtschaftlichen und sozialen Reformen, z. B. dem Ausbau erneuerbarer Energien, sauberer Industrieprozesse [illegible]
Entscheidend wird sein, ob die internationale Gemeinschaft den Klimaschutz gemeinsam **handhaben/Hand haben** kann, denn ohne Zusammenarbeit werden einzelne Länder allein kaum genug erreichen.

Zusammen- und Getrenntschreibung von Adjektiv/Adverb und Verb

▸ **Hier findest du Informationen:**

1 Entscheide, ob zusammen- oder getrennt geschrieben werden muss.

- Wenn du beim Referat über den Klimawandel .... (weiter/kommen) willst, dann solltest du früh genug anfangen.
- Du solltest dir vor dem Referat .... (klar/machen), was deine wichtigsten Punkte sind.
- Das Üben wird dir .... (leicht/fallen), wenn du den Inhalt in kleinen Schritten wiederholst.
- Du solltest .... (sicher/stellen), dass du deine Präsentation zeitlich gut planst.
- So kannst du dich .... (ruhig/hinstellen) und vor der Klasse souverän auftreten.

2 **a)** Verbinde die folgenden Adjektive bzw. Adverbien und Verben zu fünfzehn sinnvollen Wortgruppen. Entscheide, ob sie zusammen- oder getrennt geschrieben werden und trage sie in die Tabelle ein (▸ S. 77). Nutze bei Bedarf ein Wörterbuch.
Tipp: Bei einigen Wortgruppen sind beide Schreibweisen möglich, diese haben dann aber unterschiedliche Bedeutungen; andere Wortgruppen lassen nur eine Schreibweise zu.

Wortspeicher
gut – ernst – fest – frei – klar – klein – neu – richtig – warm – zusammen

Wortspeicher
machen – nehmen – halten – lassen – stellen – schreiben – arbeiten – werden – laufen – setzen

b) Bilde zu jeder Wortgruppe einen Beispielsatz, den du mit einem Modalverb (▸ Tipp-Kasten) einleitest.

Tipp **Modalverben**
- können (Fähigkeit / Möglichkeit)
- müssen (Notwendigkeit / Zwang)
- sollen (Pflicht / Auftrag)
- wollen (Absicht / Wunsch)
- dürfen (Erlaubnis / Verbot)
- mögen (Vorliebe / höfliche Bitte)

Wortgruppe	Zusammen-schreibung	Getrennt-schreibung	Bedeutung	Beispielsatz
ernst + nehmen	/	ernst nehmen	etwas wichtig finden	Du solltest seine Meinung ernst nehmen.

Zusammen- und Getrenntschreibung von Verb und Verb

▸ Hier findest du Informationen:

1 Verbindungen aus zwei Verben können getrennt, aber auch zusammengeschrieben werden. Ergänze die folgende Tabelle und formuliere jeweils Beispielsätze, die verdeutlichen, warum in einem Fall getrennt und im anderen Fall zusammengeschrieben wird.

Verbindung		Beispiel	Bedeutung
1.	sitzenbleiben	Dieses Schuljahr werde ich sitzenbleiben.	Dieses Schuljahr muss ich wiederholen.
	sitzen bleiben		
2.	liegenbleiben		
	liegen bleiben		
3.	stehenlassen		
	stehen lassen		

Fremdwörter

Fremdwörter richtig schreiben

▸ Hier findest du Informationen:

1 Kontrolliere die Schreibung der Fremdwörter und verbessere die Fehler in der Spalte daneben.
Tipp: Nicht alle Wörter wurden falsch geschrieben.

ACHTUNG FEHLER!

der Rythmus		die Definition	
agressiv		kontrolieren	

→

der Mytos		die Blammaje	
positif		die Unnion	
die Intenzion		debatieren	
das Plädoyer		opperieren	
projezieren		die Hirarchie	
apatisch		der Kontrolleur	
die Konkurenz		massif	
die Relation		legal	
die Konotation		die Produkzion	
der Medeziner		die Unniversität	
der Patzifist		radikahl	
simpatisch		die Inclusion	
hysterisch		kolegial	
reel		das Areal	
die Ekonomie		etisch	
der Styl		diwers	
intressant		engajieren	
interlektuell		informatif	
[illegible]		[illegible]	
hygienisch		anwisieren	

Groß- und Kleinschreibung

Regeln der Groß- und Kleinschreibung anwenden

▸ **Hier findest du Informationen:**

1 Unterstreiche die Wörter, die großgeschrieben werden müssen.

lars ambromeit
der gipfelstürmer

lonnie thompson ist 58 jahre alt, asthmatiker, herzkrank. vor 20 jahren haben ihm seine ärzte das bergsteigen verboten. dennoch hat er seither so viel zeit wie kaum ein anderer in der eisigen luft der welthöchsten gebirge verbracht: denn er hat eine mission, das sammeln von eisproben von tropischen gletschern. aus deren chemischer zusammensetzung versucht er zum einen rückschlüsse auf das erdklima der vergangenheit zu ziehen und zum anderen zugleich auch auf jenes der zukunft. blendendes weiß, hauchdünne luft. der höhenmesser zeigt 5.420 meter. vom ziel, dem gipfel des größten tropischen eisschilds der welt, dem „quelccaya icecap" im südosten perus, ist lonnie thompson noch stunden entfernt. sein fortschreiten fällt ihm schwer, er schafft kaum mehr als zehn schritte am stück. dann muss er ausruhen und sich auf seinem wanderstock abstützen, den kopf zu den knien hinabbeugen, damit sauerstoffreiches blut ins gehirn fließt. damit er denken kann – an die nächsten zehn schritte. hustenanfälle begleiten fast jede pause; manche hören sich an, als könnten sie ihm eine rippe zerbrechen, wie vor jahren schon einmal.
nicht selten scheint es, als würde er es diesmal nicht schaffen. als sei das gebirge diesmal zu hoch, obgleich er doch schon viel schlimmeres überstanden hat. den 7.200-meter-giganten dasuopu in china zum beispiel. oder die lawinen und schneestürme am gipfel des huascarán nördlich von lima. andererseits ist eben dies hier thompsons büro. seine welt, seine „sommerresidenz", wie er sagt: ein schneeberg von 5.680 meter höhe. zwei stunden später erreicht thompson endlich den gipfel. nichts schwaches oder unsicheres hat er nun an sich.

2 Groß oder klein? Streiche den falschen Buchstaben durch.

Lonnie Thompson geht gerne aufs **g/Ganze**. Auf seine **r/Reisen** bereitet er sich sorgfältig vor. Das **p/Planen** nimmt mehrere Monate in Anspruch. Vor **a/Allem** die verschiedenen Routen müssen im **e/Einzelnen** sorgfältig geplant werden. Über die klimatischen Verhältnisse erkundigt er sich im **v/Voraus**. Vor der **a/Abfahrt** hat er eifrig **s/Spanisch** gelernt. Freunde von **n/Nah** und **f/Fern** wünschen ihm vor der Abreise alles **g/Gute**. Zu seinem **b/Bedauern** kann er allerdings das **f/Fortschreiten** des Klimawandels nicht aufhalten. Doch wird er vielleicht über **k/Kurz** oder **l/Lang** die Menschen für den Klimawandel sensibilisieren. Möglicherweise wird sich so doch noch alles zum **g/Guten** wenden. Über seine Expeditionen hat die Zeitschrift Geo unter dem Titel „**d/Der** Gipfelstürmer" berichtet.

Zeichensetzung

Kommasetzung in Satzreihen und Satzgefügen

▸ **Hier findest du Informationen:**

1 Bestimme die Satzstruktur in den folgenden Sätzen. Nutze die Abkürzung HS für Hauptsatz, NS für Nebensatz und A für Apposition.

1.	In Afrika werden Menschen zu Flüchtlingen, weil ihre Umwelt zerstört wird.	HS 1, NS 1
2.	In der Arktis schmelzen die Eisberge, weswegen weltweit der Meeresspiegel steigt.	
3.	Die globale Erwärmung, eines der Hauptprobleme des Klimawandels, darf zwei Grad Celsius nicht überschreiten, da anderenfalls die Folgen katastrophal wären.	
4.	Die Entwicklung neuer Technologien könnte dazu führen, dass die Folgen des Klimawandels, der bedrohliche Ausmaße angenommen hat, noch rechtzeitig eingedämmt werden können.	
5.	Die Beweise für den Klimawandel, vor allem der Anstieg des Meeresspiegels und die Gletscherschmelze, dürfen nicht vernachlässigt werden.	
6.	Viele junge Menschen flüchten aus ihren Heimatländern, damit sie sich aus den ärmlichen Zuständen befreien können und Arbeit finden.	

2 Ergänze im folgenden Text alle fehlenden Kommas.

Christopher Schrader

Tod eines Vertriebenen

Seine besondere Lebensweise hat den Eisbären zum Symboltier des Klimawandels gemacht. Experten streiten ob die Art wirklich vom Aussterben bedroht ist. Der Fund eines verhungerten Tieres in Spitzbergen dürfte die Debatte über die Folgen der Erderwärmung neu entfachen.

Fell und Knochen viel mehr ist nicht geblieben von dem Eisbären. Geschwächt von der vergeblichen Suche nach Futter muss das einst prächtige Tier in diesem Sommer im Norden Spitzbergens verhungert sein berichtet die Londoner Zeitung The Guardian. „So wie er im Tode daliegt scheint der Bär gestorben zu sein wo [illegible] einer Expedition Anfang Juli gefunden hat. „Offenbar hatte er kein Gramm Fett mehr am Körper." Noch im April war der Bär gesund und munter im Süden der Inselgruppe gesehen worden. Aber dann muss er nach Norden gewandert sein um Beute zu finden. Da sich das Eis um Spitzbergen →

dieses Jahr sehr früh von den Küsten und Fjorden zurückgezogen hat und bereits im Winter dünn und brüchig gewesen war konnte das Tier seine Lieblingsspeise Ringelrobben nirgends finden. Das Schicksal des Eisbären könnte der Diskussion über den Klimawandel und dessen Einfluss auf das Polarmeer neuen Schwung geben. Seit Jahrzehnten geht die von Meereis bedeckte Fläche in der Arktis wegen der globalen Erwärmung zurück.
Eisbären sind aber auf das Eis angewiesen sie jagen hier im Winter Robben und fressen sich Fett an um den Sommer an Land überleben zu können. Geht das Eis zurück können die Bären erst später mit der Jagd beginnen und müssen früher aufhören.

Kommasetzung bei Infinitivgruppen

▸ **Hier findest du Informationen:**

1 Ergänze in den folgenden Sätzen alle fehlenden Kommas. Achte auf die Infinitivgruppen.

- Viele Regierungen versprechen den CO_2-Ausstoß schnell zu senken ohne konkret zu sagen wie das gehen soll.
- Die EU plant strengere Regeln einzuführen um Greenwashing zu verhindern.
- Einige Unternehmen versuchen klimaneutral zu wirken statt ihre Produktion wirklich umzustellen.
- In sozialen Medien wird gefordert endlich konsequent zu handeln um Kipppunkte nicht zu überschreiten.
- Viele Städte investieren in Busse und Bahnen um den Autoverkehr zu reduzieren.
- Die USA stehen erneut in der Kritik weil sie angekündigt haben internationale Klimastrukturen zu verlassen statt verlässlich mitzuziehen.
- China baut erneuerbare Energien massiv aus um unabhängiger von Kohleimporten zu werden.
- Gleichzeitig produziert China Millionen Elektroautos um weltweit Marktführer zu bleiben.
- Manche Länder riskieren wichtige Ziele zu verfehlen ohne rechtzeitig gegenzusteuern.
- Es bringt wenig nur neue Ziele zu formulieren ohne die Umsetzung ehrlich zu kontrollieren.

Kommasetzung in der indirekten Rede

▸ **Hier findest du Informationen:**

1 Ergänze in den folgenden Sätzen alle fehlenden Kommas.

- Die Klimaforscherin erklärte man müsse jetzt deutlich schneller handeln.
- Der Minister behauptete die neuen Maßnahmen seien ausreichend.
- In einer Talkshow meinte ein Experte viele Länder hätten die Lage lange unterschätzt.
- Die Aktivistin sagte sie wolle nicht zusehen wie Versprechen gebrochen würden.
- Der Sprecher betonte Deutschland werde seine Ziele „auf jeden Fall" erreichen.
- Mehrere Jugendliche berichteten sie hätten wegen der Hitze kaum schlafen können.
- Ein Journalist schrieb die Konferenz stehe kurz vor dem Scheitern.
- Man solle endlich weniger fliegen hieß es in den Kommentaren.
- Die EU-Kommission teilte mit die neuen Regeln würden nächstes Jahr gelten.
- Ein Unternehmer erklärte er könne seinen Betrieb nur dann umstellen wenn es Förderungen gebe.

Kommasetzung bei Einschüben

▸ **Hier findest du Informationen in deinem KombiBuch:** S. 244.

1 Ergänze in den folgenden Sätzen alle fehlenden Kommas.

- Der Wald der vielen Tieren ein Zuhause bietet wird immer kleiner.
- Menschen die ihren Müll achtlos wegwerfen schaden der Natur.
- Die Flüsse durch Abwässer stark verschmutzt verlieren ihre Lebensqualität.
- Viele Jugendliche motiviert durch soziale Medien engagieren sich für den Klimaschutz.
- Der Nationalpark ein geschütztes Gebiet bleibt für kommende Generationen erhalten.
- Pflanzen die unter extremen Temperaturen leiden wachsen immer seltener.
- Viele Tiere ziehen sich bedroht durch den Menschen in abgelegene Gebiete zurück.
- [illegible] Erde wird weiter abgeholzt.
- Kinder die früh ein Umweltbewusstsein entwickeln handeln oft verantwortungsvoller.
- Die Meere gefüllt mit Plastikmüll verlieren ihre Schönheit.

Zeichensetzung bei Zitaten

▸ **Hier findest du Informationen in deinem KombiBuch:** S. 245.

1 Ergänze in den folgenden Sätzen alle fehlenden Kommas, Anführungszeichen und Doppelpunkte.

- Der Lehrer sagte Umweltschutz beginnt im Alltag.
- Lena meint Ich trenne meinen Müll jeden Tag.
- Der Förster erklärte Der Wald braucht unsere Hilfe.
- Paul sagte dass er oft denkt Wir müssen endlich handeln!
- Die Wissenschaftlerin betonte Der Klimawandel ist menschengemacht.
- Tom fragte Glaubst du dass wir noch etwas verändern können?
- Die Aktivistin rief Wir geben nicht auf!
- Der Artikel endet mit den Worten Jeder kann etwas beitragen.
- Anna erklärte Ich habe gelesen dass Plastik im Meer Jahrhunderte braucht um sich zu zersetzen.
- Der Politiker versprach Wir werden mehr für den Naturschutz tun.

Zum Abschluss: die Regeln der Kommasetzung richtig anwenden

1 **a)** Ergänze im Text die Kommas.

Bastian Sick
Das gefühlte Komma

Dass die Orthografie nicht jedermanns Sache ist ist bekannt. Noch weniger Freunde aber hat die Zeichensetzung. Die meisten Kommas werden nicht nach Regeln sondern nach Gefühl gesetzt. Und Gefühle können trügen.
Gefühlte Kommas verunstalten Zeitungsartikel Briefe E-Mails und öffentliche Hinweise: „Außerhalb der Sommermonate, ist das Café nur bis 16 Uhr geöffnet" steht auf einem Schild an einem Ausflugslokal am See. Es ist nicht schwer sich auszumalen wie so ein Schild entsteht. Der Erwin malt es und ruft dann seine Roswita „zum Gucken". Roswita kommt und guckt und weil sie meint dass sie irgendetwas dazu sagen müsse sagt sie: „Da fehlt noch was." „Watt denn?" fragt Erwin. „Weiß nich. Aber irgendwas fehlt das spür ich genau." „Also der Strich über Café kann's nicht sein, der ist da wie du siehst." „Nee. Irgendwas anderes. Ein Komma oder so." „Hier, meinst du?" fragt er. Roswita nickt. Also nimmt Erwin den Stift und malt ein Komma hinter die Sommermonate. Doch wir ahnen es längst: Mit ihrem Gefühl lag Roswita falsch.
„Außerhalb der Sommermonate" bildet keinen Nebensatz und es handelt sich auch nicht um eine nachgestellte Erläuterung oder einen Einschub. Tatsächlich ist „Außerhalb der Sommermonate" eine adverbiale Bestimmung und gehört als solche zum Hauptsatz.
Adverbiale Bestimmungen nennt man diese vielen kleinen Zusatzinformationen im Satz die etwas über Art und Weise Ort Zeitpunkt und Grund einer Handlung aussagen. Da sie nicht nur aus einzelnen Wörtern sondern auch aus ganzen Wortgruppen bestehen können werden sie häufig mit

Nebensätzen verwechselt. Man fühlt dass hier vielleicht womöglich irgendwie ein Komma hingehören könnte – und schon ist es passiert. Das geschieht besonders häufig bei Sätzen, die mit „nach“ beginnen: „Nach endlosen Debatten und immer neuen Änderungsvorschlägen, gaben die Vermittler schließlich erschöpft auf und verließen die Sitzung.“ Das Komma vor „gaben“ ist falsch daran ändern auch endlose Debatten und immer neue Vorschläge nichts.

„Im Unterschied zu seinem Freund Konrad hat Paul keinen Klavierunterricht genossen.“ Manchem Leser mag es bei diesem Satz in den Fingern jucken den einen oder anderen wird das spontane Bedürfnis überwältigen zwischen „Konrad“ und „hat Paul“ ein Komma zu setzen. Doch das Kribbeln und die Überwältigung beruhen auf einer Täuschung. Denn auch hier handelt es sich um nichts weiter als um eine adverbiale Bestimmung.

Was eine solche von einem Nebensatz unterscheidet ist das so genannte „Prädikat“ der grammatische Kern das gebeugte Verb.

Achten Sie im Folgenden mal auf die Prädikate:

„Nach Verlassen des Klassenzimmers ...“ Kam bislang ein Prädikat? Nein! Und deshalb kommt hier auch kein Komma! „... brachen die Schüler in Gelächter aus.“

„Nachdem sie das Klassenzimmer verlassen hatten ...“ Da! Das war ein Prädikat! Jetzt muss ein Komma her! „..., brachen die Schüler in Gelächter aus.“

Für regelmäßige Verwirrung der Gefühle sorgen übrigens auch die Vergleichswörter „als“ und „wie“. Dabei gilt auch hier: Es geht nur dann ein Komma voraus, wenn ein Nebensatz folgt. Wir präsentieren Ihnen zunächst nebensatzlose Beispiele mit Kommaverbot und anschließend beispielhafte Nebensätze mit Kommagebot:

Mir geht's so gut wie seit Jahren nicht mehr. Der Schaden war größer als zunächst angenommen.

Mir geht's so gut wie es mir seit Jahren nicht mehr ging. Der Schaden war größer als zunächst angenommen worden war.

b) **Erkläre, warum die beiden markierten Kommas falsch sind.**

Z. 5: Hier darf kein Komma gesetzt werden, weil

Die Funktionen des Doppelpunkts

▸ **Hier findest du Informationen in deinem KombiBuch:** S. 241.

1 Untersuche für jeden Satz die Funktion des Doppelpunkts. Markiere die richtige Schreibung und begründe, warum dahinter groß- oder kleingeschrieben werden muss. Halte deine Ergebnisse in der untenstehenden Tabelle fest.

1. Jahrzehntelang wurde gewarnt, nun ist die Lage eindeutig: **d/D**er von den Vereinten Nationen eingesetzte Weltklimarat (IPCC) bestätigt, dass sich die Erde schneller erwärmt als zuvor angenommen.
2. Die Auswertung globaler Messdaten, die Bewertung politischer Maßnahmen und die wissenschaftliche Grundlage für internationale Klimaverhandlungen zu liefern: **d/D**as gehört zu den zentralen Aufgaben des IPCC.
3. Sichtbare Folgen des Klimawandels sind: **i/I**mmer häufigere Hitzesommer in Europa, massive Waldbrände in Nordamerika und steigende Meeresspiegel in Küstenregionen.
4. Mindestens 55 Prozent weniger Treibhausgase bis 2030 im Vergleich zu 1990: **d/D**ieses Ziel hat sich die Europäische Union gesetzt.
5. Auf der Weltklimakonferenz erklärte die deutsche Außenministerin: „**d/D**er weltweite Klimaschutz ist keine Option, sondern eine Verpflichtung."
6. Ob Industrienationen, große Schwellenländer oder rohstoffreiche Staaten: **a/A**lle tragen Verantwortung für die Reduzierung der globalen Emissionen.
7. Inzwischen ist unbestritten, was lange diskutiert wurde: **d/D**er weltweit größte Verursacher von CO_2-Emissionen ist China.
8. Ebenfalls von zentraler Bedeutung ist: **d/D**as Schwellenland Indien mit seiner stark wachsenden Bevölkerung und seinem steigenden Energiebedarf.
9. Weniger Emissionen, nachhaltige Energiegewinnung und verantwortungsvoller Umgang mit Ressourcen: **d/D**avon profitieren nicht nur heutige Gesellschaften, sondern auch kommende Generationen.

	Funktion des Doppelpunkts	**Begründung: Groß- oder Kleinschreibung nach dem Doppelpunkt?**
1.		
2.		
3.		
4.		

	Funktion des Doppelpunkts	Begründung: Groß- oder Kleinschreibung nach dem Doppelpunkt?
5.		
6.		
7.		
8.		
9.		

Der Apostroph bei Eigennamen im Genitiv

Tipp

Der Apostroph steht

1. **im Genitiv bei Eigennamen,** wenn der Name auf einen **s-Laut** endet (-s, -ss, -ß, -z, -tz, -x) und **kein Artikel oder Possessivpronomen** den Genitiv anzeigt.
   Beispiele: Julius' Tasche, Moritz' Wagen
   Bei den anderen Eigennamen im Genitiv wird **kein Apostroph** verwendet.
   Beispiel: Lenas Buch
   Eine Ausnahme bilden hierbei Bezeichnungen wie Firmennamen und Ladenbezeichnungen, bei denen der Apostroph stehen kann, aber nicht muss.
   Beispiele: Jettes / Jette's Friseursalon, Werners / Werner's Kiosk
2. **bei Auslassungen,** z. B. in poetischen Texten (zweifl' ich), bei längeren Auslassungen im Wortinneren (M'gladbach) und in der gesprochenen Sprache (wie geht's).

1 Setze, wo nötig, den fehlenden Apostroph ein und begründe deine Entscheidung.

Apostroph: ja oder nein?	Begründung
Das Tagebuch des Tobias	
Felix Wut	

2 Bilde Genitive und ergänze die Tabelle: Welche Zusammensetzungen werden mit Apostroph geschrieben, welche ohne und bei welchen sind beide Schreibungen möglich?

~~Jonas, Lieblingsschauspieler~~ – ~~Michaela, Zimmer~~ – Aristoteles, Werk – Camilla, Hundesalon – Max, Auto – Bremen, Stadion – Andrea (weiblich!), kleiner Bruder – Livius, Aufzeichnungen – Andreas (männlich!), große Schwester – Paris, Metrosystem – Lea, Blumenlädchen – Michel, Autowerkstatt – Titus, Rom – Ruth, Ehemann – Nora, Nähstübchen

mit Apostroph	ohne Apostroph	mit und ohne Apostroph
Jonas' Lieblings-schauspieler	Michaelas Zimmer	

3 Vervollständige die Auslassungen.

Apostroph bei Auslassungen	vollständige Form
Was darf's sein?	
Stell's auf'n Tisch!	
Wenn's weiter nichts ist.	
Das ist für'n Freund.	

Häufige Fehler beim Gebrauch des Apostrophs

Tipp

Kein Apostroph steht ...
1) vor der **Genitiv-s-Endung** (Annas Schwester),
2) bei **Verschmelzungen** (ans, ins, ums),
3) vor dem **Plural-s** (Videos),
4) bei **deutschen Wörtern auf -s** (links, vorwärts),
5) bei fehlendem **Endungs-e** (Hol den Eimer!, Geh nach Hause!).

ACHTUNG FEHLER!

1 Notiere die richtige Schreibweise der folgenden Beispiele und gib an, gegen welche Regel verstoßen wurde.

Richtige Schreibweise	Regel

Richtige Schreibweise	Regel

Richtige Schreibweise	Regel

Richtige Schreibweise	Regel

Richtige Schreibweise	Regel

Sprachgebrauch und Sprache: Wortschatz

Feste Nomen-Verb-Verbindungen

▸ **Hier findest du eine Liste fester Nomen-Verb-Verbindungen:**

1 Ergänze die fehlenden Verben mithilfe des Wortspeichers. Verwende das Präsens.

Wortspeicher

ablegen – abstatten – anrichten – antreten – begehen – einlegen – erleiden – erstatten – erteilen – erweisen – fallen – fällen – führen – führen – geraten – kommen – legen – leisten – leisten – machen – nehmen – schenken – setzen – setzen – stellen – stellen – stellen – tragen – treffen – treiben – treten – üben – versetzen – verstoßen – ziehen – zuziehen

- Nach langem Verhör .... der Angeklagte ein Geständnis ....
- Der Präsident .... Kritik an der Vorgehensweise seiner Beamten.
- Nach einer dreiwöchigen Probezeit .... der junge Polizeibeamte seinen Dienst ....
- Bei diesem Fall .... die Inspektoren alle Möglichkeiten in Betracht.
- Der Einbrecher .... bei seiner Tat große Schäden ....
- Der Anwalt .... Berufung gegen das Urteil ....
- Ein weiteres Jahr ohne Erfolg vor Gericht .... für ihn nicht infrage.
- Die Familie .... den Verwandten einen Besuch ....
- Der Täter .... Krieg gegen seine Umgebung.
- Trotz seiner Haft .... er weiterhin Sport.
- Mit seinem Gerede .... er den anderen Gefangenen seit Jahren auf die Nerven.
- Die Mannschaft aus der JVA .... eine schmachvolle Niederlage.
- Der Leiter .... die Zustimmung zur Teilnahme an der Meisterschaft.

- Viele Menschen .... Wert auf gutes Benehmen.
- Deine Entschlossenheit .... deine Freunde immer wieder in Erstaunen.
- Die Angestellten .... die Kompetenz ihres Chefs nicht infrage.
- Diese Entwicklung .... zahlreichen Erwachsenen Angst.
- Der Richter .... ein ernsthaftes Gespräch mit dem Angeklagten.
- Sportler .... sich häufig unter Druck.
- Aus lauter Verzweiflung .... der Häftling Selbstmord.
- Jeden Herbst .... ich mir wieder eine Erkältung ....
- Der Techniker .... die neue Windkraftanlage in Betrieb.
- Die Gäste .... sich selten direkt mit dem Direktor in Verbindung.
- Der Richter .... den Beteuerungen des Angeklagten keinen Glauben.
- Um die die Maus zu fangen, ... sie ihr eine Falle.
- Der Nachbar .... Anzeige gegen den Ruhestörer.
- Wer keinen Widerstand .... , braucht sich nicht zu wundern.
- Diese Regel .... im neuen Jahr in Kraft.
- Dein Verhalten .... gegen das Gesetz.
- Du .... mir einen großen Dienst.
- Für dein Handeln .... du auch die Konsequenzen.
- Ich hoffe, dass ihr nie in bittere Not ....
- An der Unfallstelle .... er sofort Erste Hilfe.

- Für unseren nächsten Urlaub im Sommer .... wir jetzt schon die Vorbereitungen.
- Der Chef ....
- Die Richterin .... ein Urteil in diesem heiklen Prozess.

2 Ergänze die fehlenden Nomen mithilfe des Wortspeichers.

Wortspeicher

Aufsehen – Erlaubnis – Betracht/Erwägung – Flucht – Frieden – Gefallen – Mut – Kauf – Kredit – Kritik – Last – Maßnahmen – Not – Sieg – Verantwortung – Vernunft – Verständnis – Vertrauen

- Die kranken Eltern fielen ihr zur ……………………… .
- Diesem Menschen kann man sofort sein ……………………… schenken.
- Nach vielen Fehlern nahm er endlich ……………………… an.
- Nach dieser Enttäuschung solltest du wieder neuen ……………………… fassen.
- Wer trägt die ……………………… für das Scheitern der Friedensverhandlungen?
- Nimmst du einen ……………………… für den Hauskauf auf?
- Denk an ihn, lass ihn nicht in ……………………… geraten.
- Manche Menschen mögen es nicht, wenn man ……………………… an ihnen übt.
- Diesen Nachteil nehme ich gern in ……………………… .
- Ich weiß nicht, ob du an diesem Buch ……………………… findest.
- Für seine Lage kann ich kein ……………………… aufbringen.
- In diesem Konflikt ist es schwierig, ……………………… zwischen den Parteien zu stiften.
- Dank ihres kämpferischen Einsatzes konnte die Mannschaft einen ……………………… erringen.
- Ich werde deinen Vorschlag in ……………………… ziehen.
- Es ist erforderlich, ……………………… gegen die Jugendarbeitslosigkeit in Europa zu ergreifen.
- Der Vorfall erregt großes ……………………… .
- Der Bankräuber ergreift die ……………………… .
- Meine Eltern haben mir die ……………………… erteilt, allein mit meiner Freundin zu verreisen.

Typische Sprachfallen aus dem Luxemburgischen

1 Viele dieser Sätze sind wörtliche Übertragungen aus dem Luxemburgischen. Die Wörter existieren zwar im Deutschen, werden dort aber anders verwendet oder kombiniert.

ACHTUNG FEHLER!

a) Markiere das Wort, das ursprünglich aus dem Luxemburgischen übernommen wurde.
b) Verbessere den Fehler wie im Beispiel.

Beispiel: Der Autofahrer ist mit 100 km/h durch die Ortschaft gerannt. *(gerast)*

- Habt Ihr schon unsere Prüfung verbessert, Frau Gerber?
- Sophie ist bei ihrer Tante auf Besuch.
- Darf ich Euch diese Rose schenken, Frau Maier?
- Max und Tom haben sich gestern auf dem Spielplatz zerschlagen.
- Soll ich Kreide suchen gehen, Herr Schmitt?
- Das Passwort konnte ich nicht verhalten.
- Das Bild hängt auf der Wand.
- Ich muss meinen Zahnarzttermin verschieben, dafür muss ich nachher noch in der Praxis anrufen.
- Der Vater macht einen Ausflug mit seinem Mädchen und seinem Jungen.
- Um was geht es hier eigentlich?
- Wir holen den Zug, um in den Skiurlaub zu fahren.
- Ich warte auf der Bushaltestelle.

- Ich rufe dir nachher noch an, um die Details zu klären.

Schreiben: Texte schreiben

Den eigenen Standpunkt überzeugend begründen

Argumente formulieren

▸ Hier findest du Informationen in deinem KombiBuch: S. 46–53.

1 Stell dir vor, an eurer Schule wird die Frage diskutiert, ob die Nutzung von Handys während der gesamten Schulzeit, also auch während der Pausen, verboten werden soll.

a) Formuliere deinen Standpunkt, indem du die Tabelle ergänzt. (▸ KB, S. 51)

b) Formuliere ein weiteres Argument aus. Schreibe in dein Heft.

Sollte die Nutzung von Handys an unserer Schule grundsätzlich verboten werden?
Meine Position: *Ich spreche mich grundsätzlich für/gegen ein Verbot der Nutzung von Handys an unserer Schule aus.*
• 1. Meine Behauptung: ....
• 2. Meine Begründung: *..., weil* ....
• 3. Mein Beispiel: ....

2 Nachfolgend findest du einen Auszug aus der Schulzeitung „D'leselouer" aus dem Jahr 2024. In ihrem Beitrag rechtfertigt eine Schülerin den Beschluss der Schulkonferenz, dass auf dem Schulgelände keine Handys mehr benutzt werden dürfen.

a) Unterstreiche die Behauptungen, Begründungen und Beispiele der Schülerin in unterschiedlichen Farben.

b) Untersuche die Beispiele der Schülerin: Welche sind ihr gelungen? Was könnte sie verbessern?

ACHTUNG FEHLER!

Handyverbot im LCD

Ich bin dafür, dass Handys in der Schule verboten werden sollten, denn ich bin der Meinung, dass die Schüler oder Schülerinnen damit den Unterricht stören, nur weil ihnen langweilig ist. Die anderen Schüler und Schülerinnen hingegen wollen lernen und werden permanent gestört. Das Klingeln oder das Chatten nervt nicht nur Schülerinnen und Schüler, sondern auch Lehrerinnen und Lehrer. Wenn mal eine Prügelei stattfindet, nehmen Mitschüler die Gewalt mit ihrem Handy auf, weil sie das cool finden. Besser wäre es, die Prügelnden auseinanderzuhalten. Doof ist auch, wenn alle ihre Musik hören. Dann kann man sich in der Pause gar nicht unterhalten. Die Schüler und Schülerinnen nehmen das Handy auch, um in der Klassenarbeit zu schummeln. Oder geben mit ihrem neuen Handy an, wobei dann andere auch geärgert werden, wenn sie nur ein „uncooles Handy" haben. Zwar ist es gut, dass man jederzeit erreichbar ist, aber das kann man auch nach der Schule regeln. Die Schülerinnen und Schüler konzentrieren sich mehr auf ihre Handys als auf den Unterricht.

3 Im Folgenden sieht du ein gelungenes Beispiel eines Arguments. Formuliere die Argumente der Schülerin aus dem Zeitungsbeitrag (▸ Aufgabe 2) nach folgendem Beispiel sprachlich angemessen aus. Schreibe in dein Heft.
Tipp: Die Position muss nicht vor jeder neuen Behauptung wiederholt werden.

- *Handys sollten gänzlich an der Schule verboten werden.* (= Position)
- *Wenn sich Schülerinnen und Schüler mit ihrem Handy beschäftigen, werden sie schnell abgelenkt.* (= Behauptung)
- *Das Wissen, dass beständig neue Nachrichten auf dem Display erscheinen, verleitet [illegible]* (= Begründung)
- *Wenn zum Beispiel eine Schülerin eine Nachricht erhält, kichert sie oder zeigt diese ihrem Banknachbarn. Der Lehrer wird darauf aufmerksam und muss seinen Unterricht unterbrechen, um die Schüler zu ermahnen.* (= Beispiel)

4 Nachfolgend findest du ungeordnete Begründungen für und gegen den Gebrauch von Handys während der Unterrichtszeit und in den Pausen.

a) Streiche die Begründungen durch, die deiner Meinung nach für dieses Thema unbrauchbar sind.

- Gerade in den Pausen wird mit den Handys oft gefilmt. Es hat Fälle gegeben, in denen Prügeleien auf dem Schulhof aufgenommen und die Filme anschließend weiter versendet wurden. Dem sollte man entgegenwirken.
- Wenn ich auf dem Weg zur Schule in einen Unfall verwickelt werde, könnte ich ohne Handy niemanden um Hilfe rufen.
- Ich könnte mein Handy aus Versehen im Bus liegen lassen. Das könnte nicht passieren, wenn es an unserer Schule ein Handy-Verbot gäbe.
- Unsere Schule ist seit den letzten Sommerferien eine Ganztagsschule geworden. Das kann doch nicht sein, dass ich den ganzen Tag lang keinen Kontakt zu meinen Freunden, Eltern und Geschwistern aufnehmen kann!
- Es stört die Konzentration auf den Unterricht, wenn plötzlich ein Handy klingelt. Dies ist insbesondere bei Klassenarbeiten ein großes Ärgernis.

b) Erkläre in jedem Einzelfall schriftlich, warum eine Begründung ungeeignet ist. (► **KB, S. 51**)

....

....

....

....

....

....

....

....

Argumente bündeln und strukturieren

1 Die Bündelung von Argumenten hilft dir dabei, Überschneidungen zu vermeiden.

a) Begründe, welche der nachfolgenden Aussagen dieselben Themen behandeln.

b) Gliedere die Argumente, indem du die Sätze, die sich überschneiden, zusammenfasst.

c) Ergänze die Tabelle (► S. 97) und formuliere Begründungen und Beispiele.

Soziale Unterschiede werden nicht mehr nur durch die Bekleidung, sondern zusätzlich auch noch durch das Handy zum Ausdruck gebracht.

Ein Handyverbot auf dem Schulhof kann nicht durchgesetzt werden, weil die Lehrerinnen und Lehrer, die Aufsicht haben, nicht jeden Schüler kontrollieren können.

→

Ein Handyverbot könnte dazu führen, dass gerade das Verbot die Schüler reizt, ihre Handys während der Pause zu nutzen.

In dringenden Fällen müssen die Schülerinnen und Schüler für ihre Eltern während der Schulzeit erreichbar sein.

In Notsituationen können Handys helfen, schnell Hilfe anzufordern.

Ein Handy ist ein Gebrauchsgegenstand, der jeden Monat Kosten verursacht.

Argumente gliedern

1. Argument

Behauptung: Ein Handyverbot verhindert keine soziale Diskriminierung.

Begründung:

....

....

Beispiel:

....

....

2. Argument

Behauptung: Ein Handyverbot ist nicht umsetzbar.

Begründung:

....

....

Beispiel:

....

....

3. Argument

Behauptung: In Notfällen ist es wichtig, ein Handy zur Verfügung zu haben.

Begründung:

....

....

Beispiel:

....

2 Bei der Ausformulierung der Argumente solltest du darauf achten, dass eine logische Verknüpfung deutlich wird. (▸ KB, S. 50)

a) Bestimme die Art der Verknüpfung.

Begründung Reihung Beispiel Folgerung Steigerung

Wortspeicher

Reihung

des Weiteren – schließlich – zunächst – hinzukommt – außerdem –

zu guter Letzt – als Erstes ist zu nennen – zudem – letztlich –

nicht zu vernachlässigen ist auch – ein weiterer Gesichtspunkt ist –

zuletzt ist anzuführen – an erster Stelle ist zu nennen –

darüber hinaus ist zu beachten – zum Schluss möchte ich anmerken

b) Ordne zu, an welcher Stelle deiner Argumentation du diese Wörter und Wendungen nutzen kannst.

Einführung des ersten Arguments	Übergang von einem Argument zum nächsten	Abschluss

Einleitung und Schluss eines argumentativen Textes formulieren

1 Einzelne Schüler und Schülerinnen haben Einleitungen zum Thema „Handyverbot an Schulen“ verfasst und unterschiedliche Anlässe in den Vordergrund gerückt.

a) Ordne den Einleitungen eine Kategorie aus dem Wortspeicher zu.

Wortspeicher

allgemeine Bedeutung des Themas – Zitat oder Sprichwort – geschichtlicher Rückblick – persönliches Erlebnis oder persönlicher Bezug zum Thema – aktueller Anlass

A Weil an einigen luxemburgischen Schulen seit Neuestem Handys verboten sind, wurde dort bewusst der Handyempfang unterbunden. Das Kultusministerium überlegt, ob man das Handy nicht an allen Schulen verbieten sollte. Allerdings gibt es gute Gründe, die Benutzung von Handys in einem gewissen Rahmen zu gestatten.

► ....

B In den letzten Jahren ist die Handynutzung an Schulen zunehmend zu einem Problem geworden. In fast jeder Unterrichtsstunde und auf den Fluren ertönt ständig mindestens ein Handy. Viele Lehrerinnen und Lehrer fordern deshalb ein generelles Handyverbot an luxemburgischen Schulen. Aber ist diese Forderung wirklich gerechtfertigt?

► ....

C Als ich gestern in der Kantine telefoniert habe, hat mir mein Lehrer mein Handy abgenommen. Aus diesem Grund möchte ich im Folgenden darlegen, dass …

► ....

b) Formuliere eine weitere Einleitung.

....

....

....

....

....

....

....

2 Von den Schülerinnen und Schülern wurden auch Schlussteile entworfen.

a) Bestimme mithilfe des Wortspeichers, um welche Art von Schlussteil es sich handelt.

b) Überarbeite die Schlussteile, wo nötig, sprachlich und baue sie aus. (▶ **KB, S. 53**)

Wortspeicher

Wunsch oder Hoffnung – Folgerung aus dem Hauptteil – Ausblick in die Zukunft – Aufgreifen des Einleitungsgedankens

D Aus diesen Gründen bin ich gegen ein Verbot von Handys. Das Ministerium sollte sich mit der Frage auseinandersetzen, ob es ein Handyverbot an allen Schulen überhaupt durchsetzen kann.

▶ ....

E Dies sind für mich die wichtigsten Gründe, die gegen ein Handyverbot sprechen. In Zukunft werden die Schüler sowieso nur noch von ihrem Computer aus zu Hause lernen. Dann hat sich das Thema „Handyverbot an Schulen" erledigt.

▶ ....

F Nachdem ich nun meine Argumente dargelegt habe, komme ich zu der Schlussfolgerung, dass ein Handyverbot kaum umsetzbar ist. Ebenso sollte es Schülern möglich sein, ihren Laptop mit in die Schule zu bringen, um damit zu arbeiten und zu lernen.

▶ ....

3 Schreibe auf der Basis deiner Vorarbeit einen argumentativen Artikel zum Thema „Handyverbot an Schulen" für die Schülerzeitung. Entscheide vorab, welche Position du einnimmst. Hilfe beim Formulieren und Überprüfen deines Artikels findest du in den beiden QR-Codes.

Argumente aus Texten entnehmen und zur eigenen Argumentation nutzen

1 Im nachfolgenden Text und in der Grafik findest du Informationen zur Nutzung von Smartphones sowie überzeugende Argumente, die **gegen** bzw. **für** die Nutzung von Smartphones im Unterricht sprechen.

a) Unterstreiche passende Textstellen in der jeweiligen Farbe.

b) Werte die Grafik (► S. 103) aus und notiere die Ergebnisse in deinem Heft.

Britta Schlüter

Smartphone-Verbot in Schulen: Was ist der Stand der Wissenschaft?

Sollen Sekundarschulen Handys in Klassenraum und Pausenhof verbieten oder nicht? Das diskutieren Eltern, Lehrer, Schüler und Politik in Luxemburg und weltweit. Ein Blick auf den Stand der Forschung.

Ab Ostern 2025 gilt in allen Grundschulen Luxemburgs ein komplettes Smartphone-Verbot. In Sekundarschulen muss während des Unterrichts räumliche Distanz zwischen Schüler und Smartphone gewährleistet sein. Zudem sind die Schulen aufgefordert, eigene Regelungen aufzusetzen. [...]

Ziel sei es, „die richtige Balance zwischen der digitalen Welt und dem realen Leben“ zu erreichen, begründete Bildungsminister Claude Meisch die Ankündigung am 12. September [2024]. Zudem sei die Zeit am Handy oft „verlorene Zeit“. Zeit die dann „für andere Aktivitäten und die gesunde Entwicklung von Kindern“ fehle. Parallel hat das Bildungsministerium eine Kampagne mit sehr konkreten, nach Alter gestaffelten Ratschlägen gestartet, um Eltern für den verantwortungsvollen Umgang des Nachwuchses mit digitalen Geräten zu sensibilisieren. [...]

Was bringen Handyverbote im Klassenzimmer? [...] Über eines scheint sich die Wissenschaft weitgehend einig zu sein: Man kann Smartphones nicht pauschal verteufeln, sondern muss deren Wirkungen differenzierter betrachten. Smartphonezeit sei nicht automatisch schlecht für junge Menschen, heißt es auch in einem Briefing des Science Media Center Germany. So könnten Smartphones helfen, Kontakte zu halten und Gleichgesinnte zu finden. Wissenschaftlich recht gut belegt seien dagegen die Risiken exzessiver Social-Media-Nutzung für die mentale Gesundheit: wenn Mädchen sich und ihr Körperbild verglichen und sich stark unter Druck setzten, wenn Kinder durch Cybermobbing Ausschluss erlebten, wenn wegen der Ablenkung die Selbstkontrolle leide und Hausaufgaben verschoben würden. Ebenfalls belegt sind Zusammenhänge mit Ängsten und Depressionen, Schlafdefizite als Folge des Dauersurfens und die Gefahr, regelrecht smartphonesüchtig zu werden. Denn Apps und Algorithmen sind darauf programmiert, zum Weiterklicken zu verführen und Zeit zu stehlen, die dann etwa für das Gespräch mit Gleichaltrigen auf dem Schulhof fehlt.

Vielbeachteten Studien [...] zufolge können auch Aufmerksamkeit und Lernleistung leiden. Schon die reine Präsenz des eigenen Smartphones kann demnach geistige Kapazitäten reduzieren. „Je näher das eigene Smartphone, desto geringer die Aufmerksamkeits-Fähigkeit und desto geringer die Lernleistung. An diesem Effekt besteht in der Wissenschaft kein Zweifel mehr“, bestätigt der Erziehungswissenschaftler Prof. Dr. Klaus Zierer von der Universität Augsburg, der seit Jahren zum Thema forscht. Zahlreiche weitere Studien hätten „eine große [illegible] und auch soziales Wohlbefinden geliefert.

► Fortsetzung auf der nächsten Seite

Smartphone-Verbote: Stand der Wissenschaft noch unsicher
Smartphone-Verbote in Schulen müssten sich demzufolge positiv auswirken – oder? [...] Britischen Forscherinnen [...] zufolge wirkt sich eine eingeschränkte Smartphone-Nutzung messbar positiv auf die schulischen Leistungen der Schüler aus. Insbesondere benachteiligte Kinder oder Kinder mit suboptimalen Leistungen profitierten davon. Denn die Beschränkung persönlicher Geräte in der Schule verschaffe den Kindern eine Pause von der intensiven Beschäftigung mit Apps und Spielen, die ständig ihre Aufmerksamkeit beanspruchen, und schaffe damit Raum für das Lernen.

Allerdings unterschieden sich die schulischen Smartphone-Richtlinien erheblich. Nur wenige Schulen verhängten totale Verbote. Lehrer und Schülern bevorzugten differenzierte, flexiblere Regeln, die bestimmte nützliche Verwendungen des Handys zulassen – zum Beispiel vom Lehrer unterstützt zu Lernzwecken im Unterricht, oder für einzelne Schüler, die aufgrund körperlicher Einschränkungen auf die Unterstützung eines Smartphones angewiesen sind und so etwa an die Einnahme von Medikamenten erinnert werden. Auch ist es wichtig, sich über die wichtigsten Ziele zu einigen: Geht es vor allem darum, Smartphones als Lerntools zu nutzen? Oder den Kindern den verantwortungsvollen Umgang mit digitalen Medien beizubringen? Oder Schüler weniger abzulenken? Oder das soziale Klima der Schule während der Pausen zu verbessern?

Der Augsburger Forscher Klaus Zierer und sein Mitarbeiter Tobias Böttger [...] stellen positive Effekte von Verboten fest – vor allem auf das soziale Wohlbefinden der Schüler. „Ohne Handy gibt es weniger Gelegenheit zum Cyberbullying. Die Schüler kommunizieren direkter miteinander, lernen sich besser kennen. Das fördert Freude und Gemeinschaftsgefühl. Diesen positiven Effekt sollte man gerade bei der Schülergeneration der Coronapandemie, die bis zu sechs Stunden täglich in sozialen Medien verbringt, nicht außer Acht lassen", betont Klaus Zierer. Das Smartphone in der Tasche oder auf dem Pult dagegen befeuere zwischenmenschliche Konflikte und verschlechtere damit das soziale Klima in Schulen. Der Effekt von Handyverboten auf die Lernleistung sei ebenfalls messbar, aber geringer. Denn Schüler nutzten auch ohne explizite Verbote nur selten Smartphones im Unterricht und entscheidend sei die Qualität des Unterrichts.

Schulen mit der Handypolitik nicht allein lassen
Experten betonen, dass die Datenlage noch dünn, die Methoden und Ergebnisse der untersuchten Studien uneinheitlich und weitere Untersuchungen notwendig seien, um die Beobachtungen zu bestätigen und Langzeiteffekte festzustellen.

Soviel zur Wissenschaft. Wie Schulen mit dieser nicht eindeutigen Forschungslage umgehen sollen, ist Sache von Politik und Gesellschaft. Die Meinungen der Forscher fallen hierzu unterschiedlich aus: „Bildungspolitik kann nicht warten, bis Effekte im Detail untersucht wurden, sondern muss basierend auf bestehendem Wissen Verantwortung übernehmen", unterstreicht

Klaus Zierer, der politische Initiativen für dringend notwendig erachtet und das Luxemburger Handyverbot in Grundschulen begrüßt. [...]

Auch sie halte es für wahrscheinlich, dass Handyeinschränkungen in Schulen hilfreich seien, bestätigt Prof. Sonia Livingstone von der London School of Economics. [...] Die schädliche Wirkung von Smartphones auf Konzentration und Lernen bedeute nicht automatisch, dass Verbote in Schulen wirkten. [...] Schüler umgingen Handyverbote, brächten zum Beispiel ein Zweithandy mit. „Bei Technologiefragen wird ohne wissenschaftliche Beweise vorgeprescht, und das ist ein Problem“, meint Sonia Livingstone.

Chance für wissenschaftliche Begleitung nutzen

[...] Mit einem simplen Verbot ist es den Wissenschaftlern zufolge ohnehin nicht getan. „Um Handyregelungen aufzustellen, sollten Lehrkräfte und Schüler konsultiert werden. Die Schüler brauchen Optionen, zum Beispiel Handy-Erlaubnis in der Mittagspause“, betont Sonia Livingstone. Schulische Smartphonepolitik sei effektiver, wenn die Ansichten von Schülern und Lehrern, Eltern und Schulleitern gehört wurden.

Kinder und Jugendliche müssten lernen, wie sie mit dieser Technologie verantwortungsbewusst umgehen, heißt es auch in der Augsburger Untersuchung. „Wir müssen Schülern die Zeit geben, kognitiv zu reifen, bis sie mit den Geräten umgehen können“, erklärt Klaus Zierer. Die Entwicklung des Gehirnbereichs, der für die Impulssteuerung verantwortlich ist, dauere bis ins Erwachsenenalter. Schulen sollten Verbote deshalb pädagogisch begleiten: Regeln erklären, an das Alter der Schüler anpassen. [...]

Viele Experten sind überzeugt, dass parallel zu Einschränkungen die Medien- und digitale Kompetenz der Jugendlichen auf dem Lehrplan stehen muss – einschließlich Fragen wie Sicherheit im Internet oder Datenschutz. [...]

Handynutzung in der Schule: Unterhaltung und Kommunikation stehen im Vordergrund. Schülerinnen und Schüler suchen aber auch gezielt Infos zu Lehrinhalten.

Wofür nutzen Sie in der Schule ein Handy oder Smartphone?

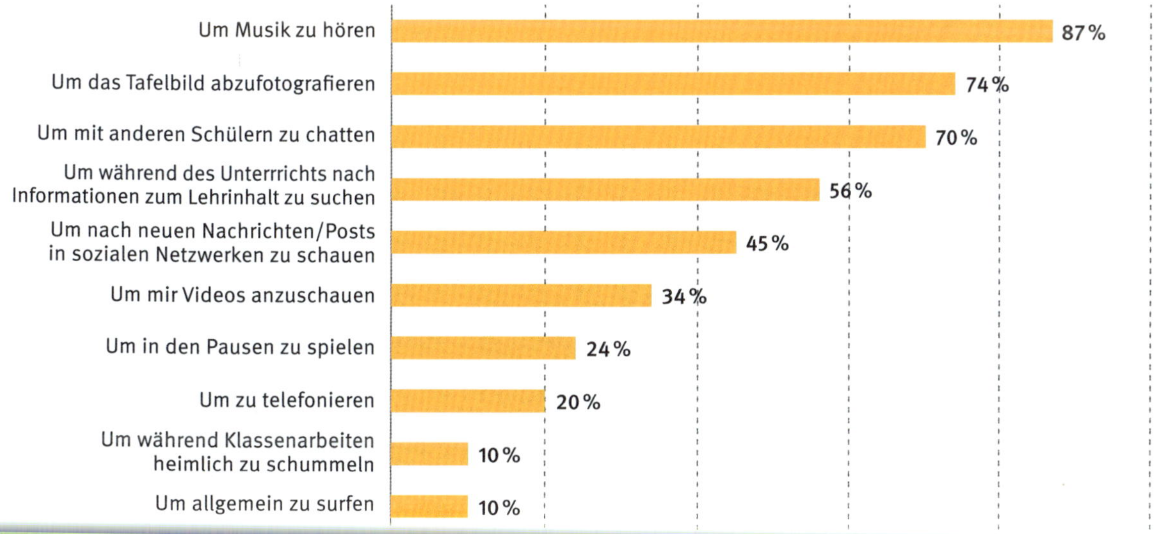

Mehrfachnennungen möglich
Basis: Schülerinnen und Schüler zwischen 14 und 19 Jahren, die ein Handy oder Smartphone in der Schule nutzen (n = 469)
Quelle: Bitkom Research

2 **a)** Wähle aus deinen Ergebnissen aus Aufgabe 1 auf Seite 101 für beide Standpunkte drei besonders schlagkräftige Argumente (Behauptung, Begründung, Beispiel) aus und trage sie in Stichworten in die Tabelle ein.

b) Ergänze zwei weitere eigene Argumente.

GEGEN die Nutzung von Smartphones im Unterricht	FÜR die Nutzung von Smartphones im Unterricht

3 **a)** Markiere in M1, M2 und M3 zentrale Aussagen zum Thema „Gaffen“.
b) Notiere diese zentralen Aussagen stichpunktartig in der Tabelle auf Seite 107.
c) Bestimme die jeweilige Intention der Texte bzw. der Grafik.

M1 *Lisa Bell*

Psychologen erklären das Phänomen

„Jeder ertappt sich doch dabei“: Nur in einem Fall ist Gaffen wirklich verwerflich

Sie gefährden sich und andere, behindern Rettungseinsätze und verletzen die Intimsphäre von Opfern – Gaffer. Besonders Rettungskräfte und Polizei klagen über störende Schaulustige bei Verkehrsunfällen. Aber würden wir selbst nicht hinsehen?
Jürgen Bengel, Professor für Klinische Psychologie an der Universität Freiburg, und Frank Lasogga, ebenfalls Professor für Klinische Psychologie an der Universität Dortmund, haben sich intensiv mit dem Thema auseinandergesetzt.

Was steckt hinter dem Phänomen Schaulust?

Die Schaulust ist ihrer Forschung zufolge ein natürliches Verhalten. Lasogga erklärt, dass wir bei allem Neuen oder Ungewöhnlichem hingucken. „Das gab es schon immer, in allen Zeiten und Kulturen.“
Bengel fügt hinzu: „Beim Zusehen reagiert der Mensch auf eine potentielle Bedrohung.“ Bestehe keine Gefahr durch die Situation, sehe der Mensch weiter zu und befriedige so seine Neugier. Das sei psychologisch und biologisch prinzipiell sinnvoll. „Besonders interessant für Zuschauer sind neue, seltene oder stark emotionale Ereignisse.“

Können wir alle zu Gaffern werden?

„Jeder guckt und jeder würde sich dabei ertappen, dass er doch zusieht, obwohl er nichts mit dem Ereignis zu tun hat. Hinzusehen anstatt weiterzugehen ist bei dramatischen, unerwarteten Situationen nur natürlich“, sagt Bengel. Lasogga stimmt dem vorsichtig zu: „Bei Außergewöhnlichem schaut jeder zu. Allerdings sind die Menschen keine einheitliche Masse. Jeder reagiert anders.“

Wo ist die Grenze?

„Es kommt immer auf den Kontext an“, meint Bengel. „Zunächst ist die Schaulust nichts Negatives. Die Schaulust zeigt sich vor allem bei besonderen Ereignissen oder Events wie zum Beispiel Boxkämpfen. Ab einem gewissen Punkt kippt die akzeptierte Schaulust zur verurteilenden Schaulust. In der Bevölkerung herrscht Einigkeit, wann die Schaulust mora-

M2 *Fabio De Aguiar*

Warum Gaffer immer mehr zum Problem werden

Schaulustige, auch genannt Gaffer, stören die Arbeit der Polizei immer öfters. Sie stehen im Weg, um Unfälle zu fotografieren oder zu filmen. Geahndet werden die Vergehen nur selten. Schaulustige bei Unfällen gibt es schon immer, doch in den vergangenen Jahren ist das Problem gewachsen. Fast bei jedem Unfall gibt es Gaffer, [...] die das Szenario mit dem Handy oder anderen Geräten festhalten. Durch die Entstehung der sozialen Medien ist dieses Phänomen im letzten Jahrzehnt immer größer geworden.

Das stellt die Polizei vor Probleme, denn dadurch werden nicht nur sie bei der Arbeit gestört, sondern auch die Rettungskräfte, die zum Unfallort eilen. Letztendlich setzen die Gaffer das Leben der Unfallopfer aufs Spiel und missachten deren Persönlichkeitsrechte. Auf der Gegenseite bildet sich oft ein Stau, weil unbeteiligte Autofahrer schleichend vorbeifahren, weil man hinschauen oder gar fotografieren will, was zu Verkehrsstörungen oder gar zu Auffahrkollisionen führen kann.

Warum filmen Gaffer Unfälle?

Wenn sich etwas Außergewöhnliches ereignet, werden Menschen von ihrer Neugierde geleitet und wollen in der Regel wissen, was passiert ist, um sich zu orientieren. Doch in Kombination mit Handykameras und kostenlosen Verbreitungsmöglichkeiten im Internet wird aus der menschlichen Neugierde zuweilen ein sozial fragwürdiges Verhalten.

Eine Studie der Harvard Universität belegt, dass im Gehirn Glückshormone produziert werden, wenn man Informationen über sich selbst oder eigene Erlebnisse im Internet verbreitet. Man hat herausgefunden, dass das dopaminale Belohnungssystem angeregt wird. Das heißt, es werden Glücksgefühle ausgesendet, wenn man diese Botschaften teilt. Im Internet werden sie dann zusätzlich durch die Likes der Follower bestätigt.

M3

Bußgelder für Gaffer

Verstoß	Sanktion
Fotografieren und Filmen eines Unfalls	bis zu 2 Jahre oder €
Unterlassene Hilfeleistung	bis zu 1 Jahr oder €
Gaffen als Ordnungswidrigkeit	20 -1000 €
Behinderung der Rettungskräfte durch Befahren des Seitenstreifens auf der Autobahn	20 €
Behinderung der Rettungskräfte durch Parken auf dem Seitenstreifen der Autobahn	25 €

Text	zentrale Aussagen (inklusive Belege aus dem Text)	Intention des Textes
M1		
M2		
M3		

4 Nimm Stellung zu der Frage: **Sollte Gaffen nur dann bestraft werden, wenn dadurch Rettungskräfte am Unfallort behindert werden?**

a) Notiere, welche zusätzlichen Informationen du für die Beantwortung der Frage benötigst. Recherchiere gegebenenfalls nach passendem Material.

b) Notiere stichpunktartig, was **dagegen** und was **dafür** spricht.

GEGEN die Bestrafung nur bei Behinderung von Rettungskräften	**FÜR** die Bestrafung nur bei Behinderung von Rettungskräften

c) Ordne die Punkte aus **Aufgabe b)** nach ihrer Wichtigkeit, indem du die einzelnen Punkte entsprechend durchnummerierst bzw. bündelst.

d) Erstelle eine mögliche Gliederung für deinen argumentativen Text. (▸ KB, S. 49)

e) Wähle aus deiner Gliederung jeweils zwei Pro- und Kontra-Punkte aus und formuliere diese zu einem Argument aus.

f) Verfasse eine Einleitung und einen Schlussgedanken für deinen argumentativen Text.

Tipp Verwende eine abwechslungsreiche Sprache und logische Satzverknüpfungen.

Anhang

Grammatische Grundbegriffe

deutscher Fachbegriff	Erklärung	Beispiel	französ. Fachbegriff
	Die Wortarten – flektierbar		
Adjektiv, das	Eigenschaftswort, Wie-Wort	jung, nett, schön ...	*l'adjectif*
Artikel, der	Begleiter des Nomens	der, die, das; ein, eine, ein	*l'article*
Nomen, das	Substantiv	Stuhl, Mut, Katze ...	*le nom*
Numeral, das	Zahlwort	eins, zwei ...; erster, zweiter ...	*l'adjectif numéral*
Pronomen, das	Stellvertreter/ Begleiter eines Nomens, Fürwort	ich, du ...; mein, dein ...	*le pronom*
Demonstrativ-pronomen	hinweisendes Fürwort	*dieses* Kind; *jener* Junge ...	*pron. démonstratif*
Personalpronomen	persönliches Fürwort als Ersatz eines Nomens	ich, du, er, sie, es, wir, ihr, sie	*pron. personnel*
Possessivpronomen	besitzanzeigendes Fürwort	*deine* Welt, *unser* Garten ...	*pron. possessif*
Reflexivpronomen	rückbezügliches Fürwort	mich, dich, sich, uns, euch, sich	*pron. réfléchi*
Indefinitpronomen	unbestimmtes Fürwort	etwas, nichts, man ...	*pron. indéfini*
Verb, das	Tätigkeitswort	schneiden, fallen ...	*le verbe*
schwaches Verb	Verb, dessen Endung im Präteritum und Perfekt mit -t gebildet wird	arbeiten – er arbeitete – er hat gearbeitet	*verbe régulier*
starkes Verb	Verb, bei dem sich der Stammvokal im Präteritum und Perfekt ändert	schwimmen – er schwamm – er ist geschwommen	*verbe irrégulier*
Hilfsverb	Verb, das zur Bildung der zusammengesetzten Zeiten benutzt wird	sein, haben, werden	*verbe auxilliaire*
Modalverb	Verb, das die Aus- [illegible] verändert	können, mögen, [illegible] sollen, wollen	*verbe modal*
Partizip, das	infinite Verbform	lachend (Partizip I) gelacht (Partizip II)	*le participe présent* *le participe passé*

Die Wortarten – unflektierbar			
Adverb, das	Umstandswort (lokal, temporal, modal, kausal)	hier, jetzt, sehr, deswegen ...	*l'adverbe*
Interjektion, die	Ausrufewort	Aua!, Igitt!, Ah! ...	*l'interjection*
Konjunktion, die	Bindewort	und, denn, obwohl ...	*la conjonction*
Präposition, die	Verhältniswort	Ich liege *im* Bett.	*la préposition*
Die Zeiten – die Tempusformen – die Modi			
Futur I, das	Zukunft	er wird gehen, er wird fragen	*le futur simple*
Futur II, das	vollendete Zukunft	er wird gegangen sein er wird gefragt haben	*le futur antérieur*
Imperativ, der	Befehlsform	Bleib sitzen! Atmen Sie ruhig!	*l'impératif*
Konjunktiv I, der	Möglichkeitsform	er gehe, er frage	*le subjonctif présent*
Konjunktiv II, der	Irrealis	er ginge, er würde fragen	*le subjonctif imparfait*
Perfekt, das	Vergangenheit (mündlich)	er ist gegangen, er hat gefragt	*le passé composé*
Plusquamperfekt, das	Vorvergangenheit	er war gegangen, er hatte gefragt	*le plus-que-parfait*
Präsens, das	Gegenwart	er geht, er fragt	*l'indicatif présent*
Präteritum, das	Vergangenheit	er ging, er fragte	*l'imparfait*
Die Satzglieder			
Subjekt, das	Satzgegenstand im Nominativ (Wer? Was?)	*Der Pilz* wächst.	*le sujet*
Prädikat, das	Verb als Satzglied	Der Pilz *wächst.*	*le verbe*
Objekt, das	Ergänzung	Ich zeige *dem Kind den Pilz.*	*l'objet*
Akkusativobjekt	Satzgegenstand im Akkusativ (Wen? Was?)	Ich zeige dem Kind *den Pilz.*	*le complément d'objet direct (COD)*
Dativobjekt	Satzgegenstand im Dativ (Wem?)	Ich zeige *dem Kind* den Pilz.	*le complément d'objet indirect (COI)*
Genitivobjekt	Satzgegenstand im Genitiv (Wessen?)	Er wurde *des Verbrechens* beschuldigt.	*le complément d'objet indirect (COI)*
präpositionales Objekt	Satzgegenstand mit Präposition	Er interessiert sich *für Pilze.*	*le complément d'objet indirect (COI)*

Die Satzglieder			
Prädikativ zum Subjekt	Satzaussage zum Subjekt	Dieser Pilz ist *ein Giftpilz.*	*l'attribut du sujet*
Prädikativ zum Akkusativobjekt	Satzaussage zum Akkusativobjekt	Man nennt den Pilz *Fliegenpilz.*	*l'attribut du COD*
adverbiale Bestimmung, die	Umstandsbestim-mung (lokal, temporal, modal, kausal)	Der Pilz wächst *im Wald.*	*le complément circonstantiel (CC) (lieu, temps, mode, cause)*
Attribut, das	Beifügung zu einem Nomen		
Adjektivattribut	Beifügung durch ein Adjektiv oder Partizip	Der *giftige* Pilz wächst im Wald.	*l'adjectif épithète*
Pronomen als Attribut	Beifügung durch ein Pronomen	*Dieser* Pilz ist giftig.	*le déterminant pronominal*
Numerale als Attribut	Beifügung eines Zahlwortes	Er pflückt *viele* Pilze.	*le déterminant numéral*
Genitivattribut	Beifügung eines Nomens im Genitiv	Der Hut *des Pilzes* ist rot.	*le complément du nom*
präpositionales Attribut	Beifügung mit Präposition	Der Pilz *mit dem roten Hut* ist giftig.	*le complément du nom*
Apposition, die	Beifügung eines Nomens im gleichen Kasus	Der Fliegenpilz, *ein giftiger Pilz,* wächst im Wald.	*l'apposition, l'épithète détachée*
adverbiales Attribut	Beifügung durch ein Adverb	Der Pilz *dort* ist giftig.	*l'adverbe complément du nom*
Infinitivattribut	Beifügung in Form eines Infinitivs mit *zu*	Die Lust, *Pilze zu essen,* war groß.	*l'infinitif complément du nom*
Attributsatz	Beifügung in Form eines Nebensatzes	Pilze, *die im Wald wachsen,* sind begehrt.	*la proposition subordonnée relative*

Starke Verben

Infinitiv	Präsens	Präteritum	Perfekt
befehlen	du befiehlst	er/sie befahl	er/sie hat befohlen
beginnen	du beginnst	er/sie begann	er/sie hat begonnen
beißen	du beißt	er/sie biss	er/sie hat gebissen
bieten	du bietest	er/sie bot	er/sie hat geboten
bitten	du bittest	er/sie bat	er/sie hat gebeten
bleiben	du bleibst	er/sie blieb	er/sie ist geblieben
braten	du brätst	er/sie briet	er/sie hat gebraten
brechen	du brichst	er/sie brach	er/sie hat/ist gebrochen
brennen	du brennst	er/sie brannte	er/sie hat gebrannt
bringen	du bringst	er/sie brachte	er/sie hat gebracht
denken	du denkst	er/sie dachte	er/sie hat gedacht
dürfen	du darfst	er/sie durfte	er/sie hat gedurft
erschrecken	du erschrickst	er/sie erschrak	er/sie ist erschrocken
essen	du isst	er/sie aß	er/sie hat gegessen
fahren	du fährst	er/sie fuhr	er/sie hat/ist gefahren
fallen	du fällst	er/sie fiel	er/sie ist gefallen
fangen	du fängst	er/sie fing	er/sie hat gefangen
finden	du findest	er/sie fand	er/sie hat gefunden
fließen	du fließt	er/sie floss	er/sie ist geflossen
frieren	du frierst	er/sie fror	er/sie hat gefroren
geben	du gibst	er/sie gab	er/sie hat gegeben
gehen	du gehst	er/sie ging	er/sie ist gegangen
gelingen	es gelingt	es gelang	es ist gelungen
gelten	du giltst	er/sie galt	er/sie hat gegolten
geschehen	es geschieht	es geschah	es ist geschehen
gewinnen	du gewinnst	er/sie gewann	er/sie hat gewonnen
gießen	du gießt	er/sie goss	er/sie hat gegossen
graben	du gräbst	er/sie grub	er/sie hat gegraben
greifen	du greifst	er/sie griff	er/sie hat gegriffen
halten	du hältst	er/sie hielt	er/sie hat gehalten
heben	du hebst	er/sie hob	er/sie hat gehoben
heißen	du heißt	er/sie hieß	er/sie hat geheißen
helfen	du hilfst	er/sie half	er/sie hat geholfen
kennen	du kennst	er/sie kannte	er/sie hat gekannt

→

Infinitiv	**Präsens**	**Präteritum**	**Perfekt**
können	du kannst	er/sie konnte	er/sie hat gekonnt
kommen	du kommst	er/sie kam	er/sie ist gekommen
laden	du lädst	er/sie lud	er/sie hat geladen
lassen	du lässt	er/sie ließ	er/sie hat gelassen
laufen	du läufst	er/sie lief	er/sie ist gelaufen
leiden	du leidest	er/sie litt	er/sie hat gelitten
leihen	du leihst	er/sie lieh	er/sie hat geliehen
lesen	du liest	er/sie las	er/sie hat gelesen
liegen	du liegst	er/sie lag	er/sie hat gelegen
lügen	du lügst	er/sie log	er/sie hat gelogen
mögen	du magst	er/sie mochte	er/sie hat gemocht
müssen	du musst	er/sie musste	er/sie hat gemusst
nehmen	du nimmst	er/sie nahm	er/sie hat genommen
reiben	du reibst	er/sie rieb	er/sie hat gerieben
rennen	du rennst	er/sie rannte	er/sie ist gerannt
riechen	du riechst	er/sie roch	er/sie hat gerochen
rufen	du rufst	er/sie rief	er/sie hat gerufen
schaffen	du schaffst	er/sie schuf	er/sie hat geschaffen
scheinen	du scheinst	er/sie schien	er/sie hat geschienen
schlafen	du schläfst	er/sie schlief	er/sie hat geschlafen
schlagen	du schlägst	er/sie schlug	er/sie hat geschlagen
schließen	du schließt	er/sie schloss	er/sie hat geschlossen
schmeißen	du schmeißt	er/sie schmiss	er/sie hat geschmissen
schneiden	du schneidest	er/sie schnitt	er/sie hat geschnitten
schreiben	du schreibst	er/sie schrieb	er/sie hat geschrieben
schreien	du schreist	er/sie schrie	er/sie hat geschrien
sehen	du siehst	er/sie sah	er/sie hat gesehen
sein	du bist	er/sie war	er/sie ist gewesen
singen	du singst	er/sie sang	er/sie hat gesungen
sitzen	du sitzt	er/sie saß	er/sie hat gesessen
sollen	du sollst	er/sie sollte	er/sie hat gesollt
sprechen	du sprichst	er/sie sprach	er/sie hat gesprochen
springen	du springst	er/sie sprang	er/sie hat/ist gesprungen
[illegible]	[illegible]	[illegible]	[illegible]
stehlen	du stiehlst	er/sie stahl	er/sie hat gestohlen

Infinitiv	Präsens	Präteritum	Perfekt
sterben	du stirbst	er/sie starb	er/sie ist gestorben
stinken	du stinkst	er/sie stank	er/sie hat gestunken
stoßen	du stößt	er/sie stieß	er/sie hat/ist gestoßen
streiten	du streitest	er/sie stritt	er/sie hat gestritten
tragen	du trägst	er/sie trug	er/sie hat getragen
treffen	du triffst	er/sie traf	er/sie hat getroffen
treten	du trittst	er/sie trat	er/sie hat/ist getreten
trinken	du trinkst	er/sie trank	er/sie hat getrunken
tun	du tust	er/sie tat	er/sie hat getan
vergessen	du vergisst	er/sie vergaß	er/sie hat vergessen
verlassen	du verlässt	er/sie verließ	er/sie hat verlassen
verlieren	du verlierst	er/sie verlor	er/sie hat verloren
waschen	du wäschst	er/sie wusch	er/sie hat gewaschen
werden	du wirst	er/sie wurde	er/sie ist geworden
werfen	du wirfst	er/sie warf	er/sie hat geworfen
wissen	du weißt	er/sie wusste	er/sie hat gewusst
wollen	du willst	er/sie wollte	er/sie hat gewollt
ziehen	du ziehst	er/sie zog	er/sie hat/ist gezogen

Autoren- und Quellenverzeichnis

106 Aguiar, Fabio De: Warum Gaffer immer mehr zum Problem werden, aus: Webportal „Die Grenzgaenger & Bewohner“ vom 5.12.2023, https://www.diegrenzgaenger.lu/gesellschaft/warum-gaffer-immer-mehr-zum-problem-werden/, zuletzt aufgerufen am 23.04.2026

80 Ambromeit, Lars: Der Gipfelstürmer, aus: GEO G+J Medien GmbH, 17.09.2006, https://www.geo.de/natur/der-gipfelstuermer-30165558.html, zuletzt aufgerufen am 23.04.2026

26 Ausländer, Rose: Träume eines Jünglings, aus: dies.: Treffpunkt der Winde, S. Fischer, Frankfurt/Main 1991, S. 101

105 Bell, Lisa: Psychologen erklären das Phänomen – „Jeder ertappt sich doch dabei“: Nur in einem Fall ist Gaffen wirklich verwerflich, vom 26.07.2017, https://www.focus.de/regional/bayern/interviews-mit-psychologen-jeder-guckt-sind-wir-alle-gaffer_id_7349476.html, zuletzt aufgerufen am 23.04.2026

6 f. Borchert, Wolfgang: Die drei dunklen Könige, aus: ders.: An diesem Dienstag, Severus, Hamburg 2018, S. 32

12 Borchert, Wolfgang: Zitat, aus: ders.: Im Mai, im Mai schrie der Kuckuck, in: Das Gesamtwerk, hrsg. v. Michael Töteberg, Rowohlt, Hamburg 2009, S. 207 f.

14–16 Borchert, Wolfgang: Draußen vor der Tür – Ein Stück, das kein Theater spielen und kein Publikum sehen will, Reclam XL – Text und Kontext Nr. 16158, Ditzingen 2023, S. 20–25

18–20 Borchert, Wolfgang: ebd., S. 28–38

22–24 Borchert, Wolfgang: ebd., S. 52–57

34 f. Faulhaber, Daniel: Tausende Cosplayer erobern die Basler Messehallen, vom 10.05.2018, aus: https://www.aargauerzeitung.ch/kultur/buch-buehne-kunst/tausende-cosplayer-erobern-die-basler-messehallen-132553520, zuletzt aufgerufen am 23.04.2026

25 Greif, Martin: Erstes Grün, aus: ders.: Gedichte, C. F. Amelangs Verlag, Leipzig 1909, S. 17

28 Kaléko, Mascha: Seiltänzerin ohne Netz, aus: dies.: Sämtliche Werke und Briefe, Bd. 1, dtv, München 2012, S. 656

[illegible]

aus: Virginia – Zeitschrift für Frauenbuchkritik, Heft 52, AvivA Verlag, Frühjahr 2013, S. 6 f.

60 (nach:) **Schäuble**, Martin: Cleanland, S. Fischer, Frankfurt/Main 2020, S. 9–13, 16

101–103 Schlüter, Britta: Smartphone-Verbot an Schulen: Was ist der Stand der Wissenschaft?, aus: science.lu, vom 23.10.2024, https://www.science.lu/de/screentime/smartphone-verbot-schulen-was-ist-der-stand-der-wissenschaft, zuletzt aufgerufen am 23.04.2026

81 f. Schrader, Christopher/Süddeutsche Zeitung: Tod eines Vertriebenen, aus: Süddeutsche Zeitung vom 8. 8.2013, https://www.sueddeutsche.de/wissen/eisbaer-im-klimawandel-tod-eines-vertriebenen-1.1741572, zuletzt aufgerufen am 23.04.2026

84 f. Sick, Bastian: Das gefühlte Komma, aus: Der Spiegel online vom 22.07.2004, https://www.spiegel.de/kultur/zwiebelfisch/zwiebelfisch-das-gefuehlte-komma-a-305063.html, zuletzt aufgerufen am 23.04.2026

64 f. (nach:) **Theisen**, Manfred: Rot oder Blau – Du hast die Wahl, cbj, München 2019 (Penguin Random House Verlagsgruppe), S. 7, 11, 13, 16, 18, 21–24, 26, 30, 35, 40, 49, 52, 55, 58–60, 62, 237, 262

31 f. Wilbrand-Donzelli, Nicola: Was ist eine Jugendkultur?, aus: https://www.t-online.de/leben/familie/teens/id_47500252/was-ist-eine-jugendkultur-.html, zuletzt aufgerufen am 23.04.2026

36 Zeier, Dominique: „Fantasy Basel“ verzeichnet erneut einen Rekord, aus: Neue Zürcher Zeitung vom 13.05.2018, https://www.nzz.ch/panorama/die-fantasy-basel-verbucherneut-besucherrekorde-ld.1385213, zuletzt aufgerufen am 23.04.2026

Ohne Autor/-in:

36 Die Fantasy Basel ist eröffnet, aus: Bote der Urschweiz vom 10.05.2018, https://www.bote.ch/nachrichten/kultur/die-fantasy-basel-ist-eroeffnet-art-1094221, zuletzt aufgerufen am 23.04.2026

38 Sätze von Aufgabe 1 nach: Uraufführung „Ihr wisst nicht, was Krieg ist“, Junges Theater Göttingen, 26. August 2024, https://www.junges-theater.de/urauffuehrung-ihr-wisst-nicht-was-krieg-ist/, zuletzt aufgerufen am 23.04.2026

Bildnachweis

AdobeStock / Bilderzwerg – S. 25; - / RioPatuca Images – S. 105 • akg-images – S. 28 • 2017 Arena Verlag GmbH, Würzburg – S. 50 • bpk-Bildagentur – S. 12 • Julya Rabinowich, Hinter Glas, © 2019 Carl Hanser Verlag GmbH & Co. KG, München – S. 46; Gabriele Clima, Der Geruch von Wut, aus dem Italienischen von Barbara Neeb, Katharina Schmidt, © 2022 Carl Hanser Verlag GmbH & Co. KG, München – S. 43 • Manfred Theisen, Rot oder Blau – Du hast die Wahl © 2019 cbt Verlag, München, in der Penguin Random House Verlagsgruppe GmbH – S. 63; Monica Hesse, Das Mädchen im blauen Mantel © 2019 cbt Verlag, München, in der Penguin Random House Verlagsgruppe GmbH – S. 45; Manfred Theisen, Der Chip © 2021 cbt Verlag, München, in der Penguin Random House Verlagsgruppe GmbH – S. 42; Manfred Theisen, Escape. Der Schlüssel sind wir © 2025 cbt Verlag, München, in der Penguin Random House Verlagsgruppe GmbH – S. 62 • Deutsches Literaturarchiv Marbach – S. 30; 2022 Fischer Sauerländer GmbH, Frankfurt am Main – S. 58 • Getty Images Plus / E+, andreswd – S. 83; - / E+, DVilfer – S. 81; - / E+, FatCamera – S. 73; - / E+, izusek – S. 102; - / E+, skynesher – S. 43, 94; - / E+, StockPlanets – S. 94; - / E+, Viktor Cvetkovic – S. 92; - / iStock Editorial, Olena Bartienieva – S. 35; - / iStock Editorial, Phillip Horiba-Maguire – S. 36; - / iStockphoto, Amparo Garcia – S. 57; - / iStockphoto, AndreaObzerova – S. 85; - / iStockphoto, AntonioGuillem – S. 100; - / iStockphoto, ASphotowed – S. 55; - / iStockphoto, beekeepx – S. 55; - / iStockphoto, Canetti – S. 61; - / iStockphoto, Choreograph (Konstantin Yuganov) – S. 26; - / iStockphoto, exopixel – S. 70; - / iStockphoto, Frederick Doerschem – S. 82; - / iStockphoto, gorodenkoff – S. 91; - / iStockphoto, Jurkos – S. 74; - / iStockphoto, LumiNola – S. 76; - / iStockphoto, matimix – S. 67; - / iStockphoto, Olga Yastremska – S. 49; - / iStockphoto, Orla – S. 80; - / iStockphoto, piyato – S. 34; - / iStockphoto, Pressmaster – S. 32; - / iStockphoto, sanjeri – S. 31; - / iStockphoto, SeventyFour – S. 95; - / iStockphoto, smartboy10 – S. 10; - / iStockphoto, Sonja Ooms – S. 65; - / iStockphoto, xijian – S. 25 • Isabelle Grubert / Random House – S. 61 • Birgit Hupfeld – S. 16, 20, 22 • imago images / Rolf Poss – S. 14 • Kurt Tucholsky Literaturmuseum – S. 68, 69 • Christian Linker / Foto: B. Dünkelmann – S. 52 • Loewe Verlag – S. 44 • Christian Malsch von Stockhausen – Cover • 2019 Mixtvision Verlag, München – S. 47 • icture-alliance / akg-images – S. 12 • 2009 S. Fischer Verlag GmbH, Frankfurt am Main – S. 39 • t-online – S. 106 • Theater Erfurt / Lutz Edelhoff – S. 41 • Christian Linker: Climate Action. Covergestaltung von Suse Kopp © 2024 Thienemann Verlag GmbH, Stuttgart – S. 53 • Verlagsgruppe Droemer Knaur – S. 38 • Brigitte Jünger, Monster © 2021 Verlag Jungbrunnen, Wien – S. 48